哈佛大学社交公开课

从默默无闻到脱颖而出

HAFO DAXUE SHEJIAO GONGKAIKE

CONG MOMOWUWEN DAO TUOYINGERCHU

黄槟杰◎编著

北京工业大学出版社

图书在版编目（CIP）数据

哈佛大学社交公开课：从默默无闻到脱颖而出 / 黄槟杰编著.
— 北京：北京工业大学出版社，2018.2
ISBN 978-7-5639-5848-1

Ⅰ.①哈… Ⅱ.①黄… Ⅲ.①人际关系学–通俗读物
Ⅳ.①C912.11–49

中国版本图书馆 CIP 数据核字（2017）第 302382号

哈佛大学社交公开课：从默默无闻到脱颖而出

编　　著：黄槟杰
责任编辑：张　悦
封面设计：芒　果
出版发行：北京工业大学出版社
　　　　　（北京市朝阳区平乐园 100 号　邮编：100124）
　　　　　010–67391722（传真）bgdcbs@sina.com
出 版 人：郝　勇
经销单位：全国各地新华书店
承印单位：北京柯蓝博泰印务有限公司
开　　本：710 毫米×1000 毫米　　1/16
印　　张：16
字　　数：200 千字
版　　次：2018 年 2 月第 1 版
印　　次：2018 年 2 月第 1 次印刷
标准书号：ISBN 978-7-5639-5848-1
定　　价：38.00 元

1

哈佛大学是全世界最具影响力的顶级学府之一，300多年间培养出了8位美国总统、34位诺贝尔奖获得者、32位普利策奖获得者、数十家跨国公司总裁……哈佛靠什么打造了这些精英？

哈佛大学教授、著名心理学家丹尼尔·戈尔曼有句至理名言，揭示了哈佛学子乃至所有精英成功的秘诀："专业知识在一个人的成功中只发挥15%的作用，而其余的85%则取决于人际关系。"

相比于其他大学更看重分数，哈佛则更看重学生的综合素质，更注重对学生的兴趣和爱好的培养和其综合能力的提高，也就是我们说的社交能力。

随着社会的进步和文明的发展，人们的社会交往日益频繁。社交作为人们相互间联系沟通、交往的纽带和桥梁，显得更加重要。

从工作角度讲，现代社会分工越来越精细，几乎没有人可以脱离他人而独立完成一件事；从生活角度讲，现代社会已经没有了"世外桃源"，通信的高度发达，信息的快速增长，让所有个体都成为整个社会链条中的一环，想两耳不闻窗外事就变得越加困难。

因为一个人要不可避免地与他人产生联系，因此社交就变得异乎寻常的重要。

2

人呱呱坠地之后，就从自然人逐步转变为社会人了。一个人要想生存和发展下去就必然要进行社会交往。它是人的本性，即社会性的要求，是人的本质及其表现。因为一个人不可能孤立地生活在这个世界上。

人与人之间进行社会交往不仅仅是为了满足物质需求，也是为了精神的需要。物质上的往来可以让我们更好地生存下去，而精神上的满足则可以让我们与别人进行语言、思想、感情的交流，以求得互相了解，互相关心，互相支持，互相激励。只有这样，我们才会拥有一个幸福完整的人生。

然而，由于环境、性格、心理等因素，许多人经营不好自己的人际关系，于是便陷入矛盾与痛苦之中。哈佛心理学家指出："那些在人际关系中出现问题的人，多多少少都会存在一些心理问题，即与人交往的心理障碍。在与人交往的时候，他们通常会更多地表现出自负、自卑、多疑、敏感、嫉妒等消极心理，从而导致人际交往的一次次挫败。如果人们没有足够的智慧去化解这些冲突，那么就会遭遇社交危机，甚至会出现与人交往的心理障碍，从而感到生活的幸福感减少了。"

哈佛的一项研究表明，人际交往与心理健康之间有着重要的联系。一方面，良好的人际关系来源于健康的心理状态。那些美好的行为品质如自信、乐观、从容、友爱、谦虚、宽容等，都可以对人际交往起到促进的作用。而另一方面，健康的人际关系也可以帮助人舒缓压力、平复情绪，对人们的个人发展、身心健康起到积极的作用。

3

　　为了解决社交中的困惑，哈佛大学的社交公开课就应运而生了。

　　本书是一部助人成长、帮人成功的实用社交工具书，总结了哈佛大学的先进社交经验，搜集了人脉建设出色实例，以无形的人脉换有形的成功。有了这个人际交往全程顾问，你的人脉网络将得到巩固，成功高峰也变得容易攀登。

　　它摆脱了冗繁的理论带来的无益的说教，也避免了因过于实际而产生的人情冷漠、"厚黑"当先的消极思想，着重于与人交往的思路和方法，是一本有样可学的实用手册。

目　录

哈佛大学认为，专业知识在一个人的成功中只发挥15%的作用，而其余的85%则取决于人际关系。

哈佛专家指出：在社会交往中，获得尊重既是一个人名誉地位的显示，也表明他的品行、学识、才华得到了认可。无论是年长者还是年轻者、位尊者还是位卑者，都期望别人尊重自己。因此，那些懂得尊重别人的人，人们对他产生好感就是情理之中的事情了。

第三课 社交达人的自我修养 ·············· **51**

> 哈佛的公关课上指出：塑造一个有精神、美好的形象并不仅仅是为了取悦别人，更重要的是让自己有一份好的心情，有一个好的生活状态。当获得别人认可和欣赏的时候，你的生活也增加了更多的机会。

第四课 社交的首要条件——你喜欢我吗? ·············· **73**

> 哈佛认为，社交的首要条件并不是"我"喜欢什么样的朋友，而要先考虑自己是否让人喜欢、受人欢迎。

第五课　成熟处世，让你"明哲保身"的社交技巧 ……………… 95

　　哈佛分析说，大多数人，与其说他们是在与别人的竞争中
失利，不如说他们输给了自己不成熟的处世心态。

第六课　三分钟读懂人心，掌握社交主动权 ……………… 117

　　哈佛的社交课上说，那些我们时常一起聚餐闲聊的朋友是
什么样的个性，我们当然非常了解。但是面对一些初次见面却
又不得不寒暄应酬的人，洞悉对方的个性，是最终达成有效沟
通不可或缺的条件。

哈佛大学常说有人的地方就有心理学,因为你只要在这个社会中生存就需要与其他人交流,就需要跟周围的环境互动。科学心理学的研究能够帮助我们尽可能地找到隐藏在这些行为背后的真正原因,让人类更加了解自己。

哈佛大学认为,应变能力既是一种态度也是一种作为,学会变通是社交的一种品位也是一种境界。

哈佛大学的心理学家认为，智商的后天可塑性是极小的，而情商的后天可塑性是很高的，一个人完全可以通过自身的努力成为一个情商高手，到达成功的彼岸。

哈佛人认为，在你计划做成某事的时候，没有成本、没有经验、没有技术……都不要紧，如果你认识拥有这些资源的朋友，同时又有高屋建瓴的头脑，那么所有问题都会迎刃而解。

第一课

成功的第一块基石是人际关系

哈佛大学认为，专业知识在一个人的成功中只发挥15%的作用，而其余的85%则取决于人际关系。

你的朋友决定你的人生

一个生活在混日子的人堆中的人要想成为事业有成的人，必要时要与自己这个阶层说拜拜。这绝不是背叛，而是一种自我发展和改造。

——哈佛箴言

在哈佛大学一个主题为"创造财富"的论坛上，主持人说："请大家写下和你相处时间最多的5个人，也就是与你关系最亲密的5个朋友，记下他们每个人的月收入，从他们的收入我就知道你的收入。为什么？因为你的收入就是这5个人月收入的平均数。"

大家都觉得这是一个玩笑，自己的月收入怎么会由朋友决定呢？但是，当他们写下最亲密的5个朋友的财务状况时，很快发现自己的收入真的和他们差不多。月收入2000多元钱的人，他的朋友们月收入也大多是2000多元钱；资产有100万元的人，他的朋友们大约也有100万在账；而使用信用卡循环利息的人，他的朋友们也几乎都处于负债的边缘。

其实，这并不是什么奇怪的巧合，而是应了中国那句古话"物以类聚，人以群分；近朱者赤，近墨者黑"。稍微细心一点，你就会发现在现实生活中，医生的朋友通常也都是医生；出租车司机的朋友，通常也都是出租车司机；当老板的人，他们的朋友通常也都是老板；科学家的朋友通常也都是科学家……

想想看，你的很多决定或者想法，甚至是一些生活方式和习惯是不是都和你亲密的朋友有关？我们永远无法否认朋友对我们的影响。有句话说，你想成为什么样的人就和什么样的人在一起。想成为健康的人，那你就和健康的人在一起，因为他会告诉你如何保养身体；想成为快乐的人，就和快乐积极的人在一起，因为他会告诉你如何拥有快乐积极的心态。而如果你想减肥，千万不要和一个身材肥胖的人在一起，因为除了遗传因素，一个人会发胖是因为他从来不节制食欲，而且通常他会坚持一种不在乎胖的理论，你常跟他在一起，就会不知不觉中受到他的影响，那么你的瘦身计划就不可能成功了！

美国一个科研机构调查后认为，一个人会失败，90%是因为这个人周围的亲友、伙伴、同事、熟人都是失败和消极的人。如果你习惯选择与自己同水平甚至水平更低的人交往，那么他们将在不知不觉中拖你下水，并使你的远大抱负日益萎缩。

这就是朋友与朋友对一个人的影响力。犹太教的经典《塔木德》中有一句话："和狼生活在一起，你只能学会嗥叫；和那些优秀的人接触，你就会受到良好的影响，耳濡目染，潜移默化，成为一个优秀的人。"

哈佛大学认为：你想成为什么样子的人，就应该和什么样子的人在一起。如果你想成为一个成功人士，那么无论你多自卑，都要坚持与成功人士站在一起。性格有缺陷的人只有站在成功人士的旁边，汲取他们成功的思维方式，比肩他们拼搏的姿态，才能真正实现自己的人生目标。

人缘是评估个人竞争力的标准

朋友是评估一个人竞争力的重要标准。朋友多、人脉广，在商场上的竞争力就强。

——哈佛箴言

哈佛大学认为，在现代商业社会，要生存、发展就必须具有较强的竞争力。人与人之间的竞争不仅包括才能、素质等方面，还有人际关系的方面。有好的人缘，做起生意来就会得到众人的支持，在与对手的竞争中就会处于优势地位。而人缘差的话，你困难的时候就很难得到帮助，甚至还会有人乘机跳出来踩你两脚。

温州的周航经营着一家服装厂，他主要做出口生意，很少内销。周航常说："眼睛只盯着钱的人做不成大买卖。买卖中也有人情在，抓住了这个人情，买卖也就成功了一半。"周航对此是深有体会的。

有一次，一个意大利客商订购了50套西装，周航按照对方的要求包装完毕后运到码头准备发货。就在这时，这个意大利客商却突然打来电话请求退货，原因是该客商对当地市场估计错误，这批货到意大利后将很难销售。退货的要求是毫无道理的，周航大可一口拒绝对方，反正合同都已经签了，但经过两天的考虑，周航却决定答应对方的退货请求，因为对方答应支付包装、运输等一切费用；而且这批西装是外贸产品，在国内市场上应该可以很快销售出去，所以周航等于没有什么损失。而最大的好处是，他这样做等于帮助了意大利客商，双方将建立良好的合作关系。

　　事情果然如周航所料，意大利客商非常感谢周航的大度，表示以后在同类产品中将优先考虑周航的产品，他还不断向自己的朋友夸奖周航，为周航介绍了很多生意。就这样，周航以他富有人情味的生意经成功地在国际市场上站住了脚。两三年内，周航的工厂不断扩建，有六百多名工人为他工作，他的生意越做越大。

　　周航是非常聪明的，他清楚地认识到人缘对生意的重要性。如果当时他拒绝了意大利客商的退货，那么虽然他做成了一笔生意，但却会损失这个客户。而答应了退货的要求表面上是吃了点亏，但他却交到了一个朋友，孰轻孰重，明眼人一看就知道了。

　　当今社会，朋友对你的发展带来的影响越来越大，所以，我们除了要努力加强自己的才能外，还要注意搞好人际关系，让自己有个好人缘，这样才能适应日益激烈的市场竞争，并在竞争中取胜。

　　如果你希望在成功的道路上快马扬鞭，就必须拥有优质的朋友圈。实际上，所谓的"走运"多半是由畅通的人际关系展开的。一个能认同你的做法、想法与你的才华的人，一定会在将来的某一天为你带来好运。

　　究竟谁会对你伸出援助之手，哪里才有这种人呢？这个问题没有人能够回答。只能这么说：任何人都有可能成为施以援手的友人，他可能是你工作上的伙伴或上司，可能是学校里的同学，甚至有可能是一位萍水相逢的陌生人；但一般来说，朋友的范围越广，开创成功未来的概率就越大。

　　就朋友这方面来看，机会往往是从你想不到的地方出现的，譬如你的顾客、同事、朋友的朋友等。

　　威尔科是从父亲的手中接过这家食品店的，这是一家古老的食品店，很早以前在镇上就很出名了。威尔科希望它在自己的手中能够发展壮大。

一天晚上，威尔科在店里收拾货物、清点账款，准备第二天和妻子一起去度假。他打算早早地关上店门，以便为外出度假做准备。突然，他看到店门外站着一个面黄肌瘦的年轻人，他衣服褴褛、双眼深陷，一看就知道是一个典型的流浪汉。

威尔科是一个热心肠的人。他走了出去，对那个年轻人说道："小伙子，有什么需要帮忙的吗？"

年轻人略带点腼腆地问道："这里是威尔科食品店吗？"他有着浓厚的墨西哥口音。

"是的。"

年轻人更加腼腆了，他低着头小声地说："我是从墨西哥来找工作的，可是整整两个月了，我仍然没有找到一份合适的工作。我父亲年轻时也来过美国，他告诉我他在你的店里买过东西，喏，就是这顶帽子。"

威尔科看见小伙子的头上果然戴着一顶十分破旧的帽子，那个被污渍弄得模模糊糊的"V"字形符号正是他店里的标记。

"我现在没有钱回家了，也好久没有吃过一顿饱饭了。我想……"年轻人继续说道。

威尔科知道了眼前站着的人只不过是多年前一个顾客的儿子，但是，他觉得自己应该帮助这个小伙子。于是，他把小伙子请进了店内，让他饱餐了一顿，并且还给了他一笔路费，让他回家。

不久，威尔科便将这件事情淡忘了。过了十几年，威尔科的食品店越来越兴旺，在美国开了许多家分店，他决定向海外扩展。可是由于他在海外没有根基，要想发展也是很困难的。为此，威尔科一直犹豫不决。

正在这时，他突然收到一位陌生人从墨西哥寄来的信。原来写信人正是他多年前曾经帮助过的那个流浪青年。

此时，那个年轻人已经成了墨西哥一家大公司的总经理，他在信中邀请威尔科来墨西哥发展，与他共创事业。威尔科真是喜出望外。有了那个年轻人的帮助，威尔科很快在墨西哥建立了他的连锁店，而且经营发展十分迅速。

人生的路上，有些运气是捡来的——例如中彩票——但那是不值得提倡也无法"拿来"的；有些运气是时势造就的——但这需要有过人的眼光；而有些运气则是他人给的——这只需要你在日常生活中助人为乐，广结善缘！

敞开心扉，去寻找生命中的"贵人"

一个人要想成功，仅有旷世的才华远远不够，还要找到赏识你的贵人。

——哈佛箴言

哈佛大学告诉学生们，人生之路充满艰辛。所幸的是，我们会在人生的道路上遇到一些能够提携、帮助我们的贵人，在贵人的帮助下，我们才得以告别平庸，出人头地。

美国历史上出现过两个罗斯福总统，老罗斯福是西奥多·罗斯福，小罗斯福是富兰克林·罗斯福。老罗斯福与小罗斯福是堂叔侄关系。

小罗斯福进入哈佛大学以后一直想出人头地。哈佛与其他的美国学校一样，把体育活动放在很重要的位置，可罗斯福的体格使他不能在这方面有所发展。他太瘦了，身材较高，体重却不及常人。因此，橄榄球队、划船队他都未能入选，只能当个啦啦队队长。他感觉自己在体育方面毫无出路了，于是决定另谋他途。

他看中了哈佛校刊。做校刊的编辑是非常引人注目的，然而这并非易事。为了达到目的，他巧妙地利用了其堂叔老罗斯福的影响。

老罗斯福当时正担任纽约州州长。小罗斯福来到堂叔家里，称哈佛学生都很崇拜老罗斯福，尤其想听听老罗斯福的演说，一睹州长的风采。老罗斯福一高兴，就来到哈佛发表了一场演说，演说从头至尾都由小罗斯福一手操办。而且演说结束后，老罗斯福又接受了小罗斯福的独家采访。这样一来，校刊编辑部便注意上了小罗斯福，认为他有当记者的才能，于是聘用他做助理编辑。

不久，他的堂叔作为麦金利的竞选伙伴，与民主党的布莱恩竞选总统。哈佛大学校长的政治倾向自然是引人注目的。小罗斯福决定充分利用这次机会，向主编提出要采访校长。主编认为这是徒劳，而小罗斯福却坚持要试试看。

校长接见了这位一年级的新生。面对威严的校长，小罗斯福并没有被吓倒，他坚持要校长表明自己将投谁的票。校长很赏识他的勇气，高兴地回答了他的问题。小罗斯福因此名声大噪，不但哈佛校刊上刊登了小罗斯福采写的独家消息，全国各大报纸也纷纷转载，小罗斯福一时成为哈佛街谈巷议的话题。临近毕业时，他当上了哈佛校刊的主编。

小罗斯福大学毕业时，除哈佛圈子里的人外，没什么人知道他。1904年，他不顾母亲的反对与远房表妹订婚。1905年，他们在纽约举行了盛大的婚礼。小罗斯福特别邀请了在总统任上的老罗斯福参加。举行婚礼那天，宾客如潮，但大部分人是为瞻仰总统风采而来。经过这次婚礼，小罗斯福的名气更大了。

小罗斯福三次巧借堂叔的力量和威名来抬高自己，达到了出人头地、引人注目的目的。老罗斯福就是帮助他达到目的的贵人。

卓别林是美国成功的艺术大师之一，他的滑稽艺术给全世界人民留下了深刻的印象。卓别林1889年4月16日出生于伦敦。他的父亲是一位音乐厅的男中音歌手，也叫查理·卓别林，是归属英国的法籍犹太人所生的儿子。卓别林的母亲叫汉娜，她是位歌唱家兼舞蹈家。

卓别林一家常常陷于经济拮据之中。父亲酗酒，母亲由于忧虑过度，身体虚弱，卓别林是在剧院后台长大的。他在5岁时第一次登台亮相，这次演出还引起一场小轰动。

大约一年后，他的父母分居。不久之后，他的父亲因酒精中毒而死，全家陷于绝境之中，卓别林不得不暂时被安置在救济院。后来情况好转，母亲才把卓别林领回来，靠针织女红来养活他们。卓别林7岁的时候，便在一个儿童音乐厅的节目中演出，以贴补家用。

卓别林还经常孤苦伶仃地流浪街头，替人跑腿或做点儿别的临时工作以赚取几个便士。后来卓别林遇到了他的贵人才告别了流浪儿的生活，这位贵人便是卓别林的同母异父的兄弟席德尼。那一年，席德尼航海归来，他身边有点儿小资本，他花钱让弟弟在伦敦杂耍戏场演出。几年之内，卓别林便成为英国最受欢迎的童星之一。

在演出时，卓别林发现自己有演滑稽哑剧的天赋。

褴褛的衣服成了卓别林的标志，纯粹是一件偶然的事。一天，杂耍团让卓别林穿得滑稽一点儿，到外面去拍外景。匆忙之间，卓别林就随手捡了几件：一件是一位以肥胖出名的丑角所穿的宽松裤子；一件是特大号的鞋子，这是另一位明星的东西；一件是一顶破旧的圆顶礼帽，小到了他不能戴；一件上衣，小得连他那种瘦长的骨架穿起来都觉得紧；一根整洁漂亮但和他的一身打扮不相称的竹拐杖；还有一小撮"牙刷式"的胡子。他这一身戏服让他成了"落魄雅士的化身"。之后他的喜剧效果非常好，所以他从杂耍表演跳入电影圈才13个星期，便获准可以自编自导。在席德尼的努力下,卓别林的周薪由150美元提高到400美元,然后是1250美元。后来有家互助公司破天荒地给了他1万美元的周薪,还有15万美元的分红。卓别林成为好莱坞炙手可热的滑稽明星。

敞开心扉,去寻找你生命中的贵人吧!一个没有朋友的人在这个社会上是很难立足的。寻找你生命中的贵人,同时,也努力让自己成为别人的贵人。

有的时候,人会面临人生的困境乃至绝境,在你以为山穷水尽、无路可走之时,贵人的出现会给你的人生带来希望和转机,对于这样的贵人,你一定要倍加珍惜。

眼光放远,贵人不只"高官显要"

职场里对于贵人的界定,最好从广义的角度来看:贵人并不一定就是高官显要,你的朋友、同僚、前辈等都有可能给你不同的帮助;局限在少数人身上,认定只有某些人才是贵人,眼光就太狭隘了。

——哈佛箴言

要发现贵人、找到贵人,第一步当然要先了解何谓贵人。

哈佛大学的理念中,"贵人"有如下几个种类,供我们参考。

第一,可以提供金钱等实际资源的,属于"资源型"的贵人;第二,可以介绍人脉关系、分享商业情报的,属于"中介型"的贵人;第三,"顾问型"的贵人,可以提供专业知识或资讯的咨询、建议;第四,"教练型"的贵人,可以给你指导、训练,提供建议;第五,"导师型"的贵人，在必要时激发你的想法、为你指引方向。

哈佛大学认为，要发现或找到贵人，首先我们在观念上不要太现实、太计较，觉得当下有利用价值才去建立关系。尤其是年轻人或职场资历较浅的人，不需要给自己太大的压力，不一定要去结识什么资源丰富的高层，其实可以抱着广交朋友的想法，先和周遭的人建立良好的关系。

就职场白领而言，最明显而直接的贵人，就是自己的上司或老板。在职业生涯里，跟对一个老板很重要。一般人其实可以从老板身上看到许多职场成功的关键，因为这些人能成为你的老板，就是因为能力得到验证、在某方面有过人之处。从他们身上我们往往可以看到、学到很多东西。

多数的工作者都是自己设法解决问题，甚少去"敲老板的门"，但老板不是那么难以接触的，多了解老板、多去问问题，或许师徒关系就会自然而然建立起来。

不过，一般人在公司里能接触的人非常有限，如果公司规模不大就更受限了，这是大部分上班族都会遇到的问题。所以想要找到贵人，还需要具备开放的心态，去拓展自己的人脉。

菲律宾有家著名的冰点制作商——利宾亚公司，可是菲律宾的一家大饭店却一直未向它订购过冰点。3年来，该公司老板利宾亚每周二必去拜访这家大饭店采购部经理容达宏一次，经常参加容达宏所举行的会议，甚至以客人的身份住进大饭店。可不论他采取正面攻势还是旁敲侧击，容达宏仍是不为所动，没有订购他们公司的冰点。

这反倒激起了利宾亚的斗志，他下定决心，一定要让这家饭店订购自己的冰点。他改变策略，开始调查这家饭店采购部经理容达宏的个人兴趣。不久，他发现这位经理是当地饭店协会的会员，由于热心协会的事，这位经理还担任了国家饭店协会的会长。了解到这个情况以后，凡协会召开的会议，不管在何地举行，利宾亚都乘飞机赶去。

当利宾亚再去拜访容达宏经理时，就以协会为话题，果然引起了他的兴趣。容达宏和利宾亚谈了半个多小时关于协会的事情，整个谈话过程中，利宾亚一点都没提冰点的事情。

几天后，饭店的采购部门来了一个电话，让利宾亚立刻把冰点样品和价格表送去。就这样，利宾亚做成了一笔大买卖。

很多人找不到有用的人脉或贵人，其实是因为自己根本不知道未来的职业生涯想要做什么。在找寻贵人或发掘有用的人脉之前，最好先想清楚自己未来的方向是什么，这样才不会白费功夫。否则如果前面没想好，后面可能都会是错的。

举个例子，很多人想去大城市发展，如果想清楚要过去做什么、具体从事哪个行业，就可以先去认识、熟悉那里的人，这样过去时可能就已经有机会在等你。反之，如果没想清楚或临时起意就过去了，碰壁的可能性就大得多。

其实，很多人从念书的时候就不太有职业规划的观念，也没有人教他们该怎么分析规划。如果出现这方面的问题，甚至职业生涯上遇到瓶颈，很多人也不太敢问，或是只敢问自己的朋友。如果对某个领域有兴趣或有问题，可以去询问一些该领域的成功人士或专家，请他们提供建议，作为建立人际关系的开始；一旦清楚自己对职业生涯未来的期望是什么、阶段的目标是什么，那你就会知道哪些人脉是自己需要特别注意、特别经营的了。

很多人经常自怨自艾："为什么我碰不到贵人？"其实贵人可能就在你的身边。如果自己能够做好准备，找到贵人相助绝对不是问题！

哈佛大学有这样一个公关案例。

汤姆最近生意不顺，投资的股票又几乎全部亏本，正处于走投无路的关头，这时候他收到一封奇怪的信。这是一位总裁写的信，他说自己愿意把公司30%的股权转让给汤姆，并聘汤姆为公司和其他两家分公司的终身法人代理。

汤姆不敢相信天下真有免费的午餐，他依照信上提供的地址找过去探个究竟。总裁见到他就问："你还记得我吗？"汤姆很茫然。总裁就说："这就更难得了。"

经这位总裁提醒，汤姆隐约记得：10年前，汤姆去移民局排队办工卡。他听见移民局的工作人员对自己前面的人说："你的申请费不够，还差50美元。"这人好像真的就缺这50美元了，不过他要是今天拿不到工卡，就找不到雇主了。汤姆看那人挺为难的，就拿出50美元为他交了。想不到10年之后，这个人已经成为总裁。

总裁告诉他，自己这么闯荡了10年，经历了很多磨难，但一直保持积极乐观的生活态度，因为汤姆让他相信，世界是充满爱心的，前途是光明的。他之所以迟迟没有还汤姆那50美元，是因为他觉得这份心意和恩情不是50美元所能表达的。而现在正是报恩的最佳机会。就这样，汤姆靠50美元的投资，获得了自己的终身回报。

通常，小人物的故事才是最真实的，人世间的故事多是由小人物们讲述、演绎的。类似的故事之所以能流传下来，就是因为总有些温情的东西温暖着我们心里的某一个角落，感动我们的心灵。

某企业的张总在任时，逢年过节家里就来客不断、门庭若市。对此，张总感到满足，说明自己还是受大家爱戴的领导。

张总退休后，家里一下子冷清了很多，即使是春节这样隆重的节日，来看望自己的人也很少，可谓门可罗雀。张总正在感叹"人走茶凉"的时候，以前的下属小李却跟往年一样，带着礼物和妻儿来给他拜年。小李的来访令张总感动不已——总有些人比较有人情味。

两年后，一家公司聘用张总为顾问，张总手中多少又有些权力了，以前那些人又登门而来，张总却只接待了小李。

所以，请不要忽视陌生人和位卑者，世事变化无常，请多为别人提供无私的服务和帮助，不要那么功利，生命中的任何人都可能是你的贵人。

画出自己的朋友圈

朋友圈，并不一定是真正的圈，也可能是表格，也可能就是一堆记录，一个电话簿、名片夹。形式可以多样，但它们都应该有这样的功效：清楚地展现自己现在的朋友状况。至少你能够回答：自己认识了多少人，都是什么样的人。

——哈佛箴言

扩充自己的朋友圈并非一朝一夕之事，所谓"谋定而后动"，必须先有一个总体规划，从宏观上审视自己所有的朋友，以此做到把握全局，成竹在胸。

下面是哈佛大学教你的一"圈"打尽法则，能够让你了解你的朋友们的现状，分析他们的前景，规划拓展朋友圈的方向，对于将来如何进一步行动做到心中有数。

第一，对自己的朋友进行归类。

与朋友交往既有人情关系，也有人际关系，所以对朋友的第一层分类就依此划分：人情关系一类，人际关系一类。

不过，这两种属性并非截然分明的，在很多人的身上都兼有而之，所以就按照自己当时的期望进行分类。凡期望积累感情的，无论是亲戚、同学，还是客户、同事都可以算作人情一类；另一方面，凡是近期之内和自身的工作有较强的相关性，并且可能对自己的事业发展有利的关系，就把它放在人际关系一类。需要注意的是，不同时候同一个人也可能在不同的类别里。

第二，按照认识的来源进行归类。

同学一类、亲戚一类、工作后的朋友一类、客户一类等。

这样下来，从源头理起直到各个分支，脉络分明，一目了然，可以清晰地梳理各种朋友关系，明确每个节点对应朋友在网络中的位置。使用电子表格进行这项工作，管理起来非常方便，无论是增删添减还是修改资料都很容易，所以首推这种方式。

接下来，按照分类，把自己能够想起来的人一个个对号入座。但不是简单地放上名字就行了，还应该附上对方的基本信息，例如工作、职位、联系方式；可能的话还包括比较私人化的信息，例如家庭、婚姻状况，是否有老人和孩子，事业的发展前景，兴趣特长在哪方面，他们的朋友如何等。越是对你重要的人，其信息越要详细，便于做针对性的处理。为了表格形式上的简洁，每个名字都应当做成超链接，一点击就可以看到其信息介绍。

掌握这些信息，除了当面了解之外，还要注意侧面的探寻，如同中医疗法里的"望、闻、问、切"，灵活选择方式，综合运用，尽量全面了解每一个结识的人。这是个不断积累的过程，不必急于一时，免得让对方感觉你为人太过功利。只要有心，就能逐步建立起自己的朋友数据库。

第三，对信息进行汇总，不断更新。

每隔一段时间，就应该审查一下自己的朋友网络图。比如，认识的朋友有多少人？哪些是熟识的？哪些很久没有往来了？哪些是新结识不久的？统计这些数字，让自己心中有数，再前后比较一下，就能看出现在自己在朋友方面的总体状况如何，发现问题所在，据此指导并修正自己下一步的行动。还有临时性的需要跨类别的汇总工作，例如按照自己近期的朋友需求总汇，哪些人对自己有直接的帮助，哪些能够提供意见指导。这种临时性的汇总往往能够让自己真正从朋友中收到实效。另外，及时地更新资料是必要的。现代社会日新月异，节奏很快，个人的发展也是如此，往往"士别三日，当刮目相看"，所以要不断地追踪朋友网中每个人的新状况。毋庸讳言，有需要淘汰的，同时更有需要添加和丰富的，及时更新这些信息，据以调整自己的朋友拓展部署，才能让朋友网络图真正发挥其最大作用。

用这三步走的方法，你就可以迅速建立起自己的朋友网络。另外，需要提醒的是，当有闲暇时，你就去看看，看看哪位朋友久未联系，应当致电问候；每当你需要帮助的时候也去看看，就会发现原来救星是如此近。这样会让你感到生活充实，对未来充满信心。

"二八法则"优化你的朋友圈

一个高品质的朋友圈是什么样的呢？就是保证每个在圈子中的人在关键时刻都能帮上你的忙，让圈子中的每个关系节点都保持有效性。

——哈佛箴言

哈佛大学有一个经典的"二八法则"，通常当你真正发生财务危机时，

80%的所谓朋友不但不会主动借钱给你，还会不接电话，甚至躲得远远的；大概有不到20%的朋友，愿意给你正面的影响和帮助；但改变你命运的朋友，不会超过5%。

张晓和李霞相识多年，两人关系不能说近，也不能说远，但凡有两人都会参加的聚会，她们就会寒暄两句。有一次，她们两人都认识的一个朋友结婚，于是她们又碰面了。席间，张晓谈起她弟弟的事情，她弟弟毕业快一年了，至今都没有找到合适的工作，全家都非常着急。

听到张晓这样说，李霞不假思索，拍着胸脯说，这件事情包在她身上了。当着大家的面，张晓也不好多问什么，只得连连感谢李霞。过了几天，张晓带着弟弟亲自到李霞家道谢，并打听找工作的进展情况。不料李霞支支吾吾，口气也变了，说："何必那么心急呢，我回去跟人事部商量一下再说嘛！毕竟招聘员工是人事部门的事。"

看到这种情景，张晓很生气，拉着弟弟走出了李霞家。

实际上，当时李霞是想在众人面前炫耀一下自己的本事，并不是真心想帮忙。在现实生活中，这种人前一套背后一套的人，最不应该与之交往。因此，如果你的圈子中有这样的人，要坚决剔除掉，以免坏了心情，浪费感情。

你大可不必对圈中所有的人都一视同仁，更不要把精力和信任放在酒肉朋友身上，而应该抽取80%的时间用在最重要、最牢靠、对人生有好的影响和帮助的20%的朋友身上，努力认识关键或重要的人。

正如已故的管理大师德鲁克所说的，清理你的朋友就像清理你的衣柜一样，只有将不合适的衣服清出衣柜，才能将更多的新衣服放入衣柜。同理，只有不断地认识那些能够改变或帮助你的人，才能构建高质量的朋友资源库。

因此，你需要做的就是，定期清理和优化你的朋友圈。如果你对你的朋友关系不闻不问，那么你的人际关系就可能恶化、流失甚至变质。朋友圈子可以说就是一个大染缸，它可以把你染红，也可以把你染绿，它可以是一个良性的环境，也可以是一个恶性的沼池。建立一个良好的朋友圈并定期清理和优化，在这样的朋友关系网络中成长，你一定会成长得无比健康；而如果你的朋友关系网络被污染了，恶习遍布，人人猜忌，互为祸害，那么你的一生就有可能为之所毁。

平时不妨多想想：你和谁在一起的时间更多一点？跟谁在一起对你的成长更有利、更有帮助一点？你朋友中的这些成员对于你的人生和事业有什么样的作用？他们能够提供给你的信息是正面的还是负面的？你像现在这样同他们交往下去，一段时间以后，你是会有所进步，还是停滞不前或者干脆倒退呢？

这些问题的答案，就是你要采取措施的依据。具体而言，你可以参照以下几个思路来清理和优化你的朋友圈。

首先，多花点时间和精力与合适的人交往，把不适合自己的人从自己的朋友圈名单中剔除。那么，哪些人是合适的人呢？这取决于你的目标和任务，也要看他们的性格特质和文化素质。凡是能使你的前行向着有利的方向发展的，便是适合你的人，对于这些人你要花费心思使他们留在你的朋友圈中，同时多结交对你的发展有益的人，并努力保持和他们的融洽关系。

其次，多结交一些比你更成功的人，与他们在一起你会受益匪浅。因为他们是成功者，来自他们的影响多是带领你靠近成功的，所以一定要善于与这类人交往，要经常向他们请教，恳请成功的人帮助你制定成功的计划。

最后，认识关键和重要的人物。当然首先要开放你自己，从各种渠道入手，而不是仅仅局限于你经常接触的圈子，除非你本身已经是个很成功的人物了。

如此一来，你的朋友圈将有序推进、健康发展，在这些成功的思想和极具人生意义的行为规则指引下，你的各方面都会越来越成功。可以说，经营朋友是门大学问，并不是喊几句口号、发几次誓就可以实现的；经营朋友，要有比较高的思想道德品质、心理素质、知识素质、能力素质，甚至身体素质以及良好的沟通能力。

朋友圈里应该有的十种人

只有不断地认识那些能够改变或帮助你的人，才能构建高质量的朋友资源库。

——哈佛箴言

在哈佛大学的一次"man keep（人脉经营）"主题大会上，千余社交大师级人物总结了朋友圈中应该有的十种人，并且由此得出结论，有了这些人，你在生活和工作中才可能真正左右逢源。

下面我们就为大家来介绍一下，究竟哪些不同领域的人会给我们带来更大的帮助。

1.医生

你一定要结识几个专家级别而且有着丰富临床经验的医生，因为他们给你的意见和建议是关乎你生命健康的。人在生病时候的第一选择就是会听医生的话，吃药、打针、住院等都离不开医生的建议。若是小病倒也无关紧要，但是万一有一天你不得不开刀做手术呢？此时，若没有一个值得信赖的医生，真不敢想象那种拿自己的生命去"赌博"的感觉是什么滋味。

所以，医生应成为你的"一号朋友""养生指导"。为了防患于未然，你最好认识几位医生朋友，这样就不会让人觉得你是在拿自己的生命"开玩笑了"。

2.旅行社业务员

对于经常要出差的人来说，一个旅行社的朋友会帮你节省不少时间和金钱。试想一下，对于同一架飞机上的旅客而言，一百名旅客中可能会有很多种不同价格的机票。有的人可能花了一千多元买的，而你可能几百元就能搞定。为什么？因为你的那位旅行社的朋友能够为你提供最为便捷的机型和便宜的价格，让你时刻都高枕无忧。

3.人才猎头

当你还在为一份工作而愁眉不展时，你身边的人早已进入了新的工作角色中去了。因为他们凭借着和人才市场、猎头公司良好的关系，已经把各个职位都摸透了。所以，即使你现在的工作非常稳定，也不妨多结交一些这方面的朋友，在口渴之前先掘井永远是最正确的选择。

4.银行理财师

如今是经济型社会，而银行在我们的日常生活中也越来越重要。我们每个人的工资预算、养老保险、投资理财的结算等都离不开银行，尤其是当你着急去办理某项理财产品，却被门口拥挤的人群给拦住，在排号面前看着前方数十位的号码一筹莫展时，如果有个银行理财师朋友可就方便多了。

5.当地公务人员、警察

几乎每一件事：填平路上的坑洞、运走垃圾、修理人行道、修剪树木、减少税赋、改变城市划分、子女就学、规范社区商业行为、监管空气、水以及噪声品质，或者你新买的车子被偷了，你家被小偷不请而入……你都需要当地公务人员、警察的帮助。

6.保险、金融专家

如今保险行业深入各个家庭中，很多人对保险人员都有一些片面的认识，总觉得上门推销的人都十分令人讨厌。可是，难道你真要等到出了什么事，才知道投保的重要性吗？其实交一个保险、金融方面的朋友，可以帮助你更好地认识保险，而且还能避免盲目投保的情况发生。

7.律师

在国外，几乎每个家庭都有一到两个监护律师。毕竟，在这个社会上生存，难免会遇到一些纠纷，如果不想让他人无端占取你的利益，你朋友关系中的律师将会让麻烦事少很多。

8.维修人员

一位优秀又诚实的维修人员是很重要的。你的汽车坏了，你家的下水道堵了，你家的锁打不开了……事态紧急，你最好知道谁可以在最短的时间内、用最快的速度、以最低的费用帮你处理。一位不好而且不诚实的修理工将使你损失惨重。

9.媒体联络人

假使你是一位有名的商务人士，你有绯闻缠身，或有新产品上市，那么你的媒体联络人可以代表你并出面处理这些事。这样你就不必在一些媒体的闪光灯下茫然不知所措了。当然，想要结交这一类朋友，秘诀是在需要他们的帮助之前先认识他们。

别感情用事，交朋友要有点"弹性"

有些人坚持"不是朋友就是敌人"的观念，这样做会使敌人一直增加，朋友一直减少，最后使自己被孤立；如果他转而相信"不是敌人就是朋友"，这样朋友就会越来越多，敌人会越来越少。

——哈佛箴言

大部分人交朋友都"弹性不足"，因为他们交朋友有太多原则：看不顺眼的不交、话不投机的不交、有过不愉快的不交……这种交朋友的态度也没有什么不好，但在交友之中，实在有必要更有弹性一点；你看不顺眼，或话不投机的人并不一定是小人，甚至还有可能是对你有所帮助的君子，你若一下拒绝他们，未免太可惜了。

很多人会觉得这样做很势利，但是，如果有这么一个人，他既不能与你共享信息、沟通情感，也不能与你相求相助，你会与他交朋友吗？恐怕不会。

小王是一位青年演员，英俊潇洒，很有天赋，演技也很好，他刚刚在电视上崭露头角。为了进一步增加自己的知名度，他非常需要一个公共关系公司为他在各种报刊上刊登他的照片及有关他的文章，但是他没有钱，也没有机会。

后来经朋友介绍，他认识了莎莎。莎莎曾经在纽约一家最大的公共关系公司工作过好多年，不仅熟知业务，而且也有较好的人缘。几个月前，她自己开办了一家公关公司，并希望最终能够打入有利可图的公共娱乐领域。但是让她烦恼的是，到目前为止，一些比较出名的演员、歌手、夜总会的表演者都不愿与她合作，她的生意主要还只是靠一些小买卖和零售商店。

小王与莎莎一拍即合，立即联手。小王成了莎莎公司的代理人，而莎莎则为小王提供公关业务。这样小王不仅不必为自己的知名度花钱，而且随着名声的扩大，也使他在业务活动中处于一种更有利的地位。同时莎莎的公司也借助小王的名气变得出名了，很快就有一些有名望的人找上门来。二人各取所需，合作达到了最高境界，他们的关系也因此变得更加牢固。

生活中，我们经常听到一些人抱怨朋友不讲交情，不够哥们儿。其实，引起抱怨的主要原因就是自己的某种需求没有得到满足，而这种需要何尝不是功利性的呢？人们常常说的那种没有功利性色彩的友谊几乎是不存在的。在校园里建立起来的友谊之所以被认为是没有功利性的，也是因为沾染的物质利益少，感情因素很重。

所以，我们不必一味追求所谓的"没有任何功利色彩的友情"，也不必抱怨那种"划分等级交朋友"的人势利。

著名魔术大师豪华·哲斯顿，曾被公认为是"魔术师中的魔术师"。前后40年，他曾到世界各地一再创造幻象，迷惑观众，使大家吃惊得喘不过气来。哲斯顿最后一次在百老汇上台的时候，《创富学》作者希尔曾经在大师的化妆室里待了整整一个晚上，向他不停地请教问题。

希尔希望了解哲斯顿先生成功的秘诀。哲斯顿告诉希尔，关于魔术手法的书已经有好几百本，而且有几十个人跟他懂得一样多，但他有一样东西其他人没有，那就是哲斯顿不仅对魔术怀有深厚的热情，而且对他的观众非常真诚。他告诉希尔，有些魔术师会这样看待台下的观众："坐在底下的那些人是一群傻子，一群笨蛋，我可以把他们骗得团团转。"但哲斯顿却与他们并不一样。他每次一走上台，就对自己说："我很感激，因为这些人来看我表演，他们使我能够过一种很美好的生活。我要把他们当作朋友，并把我最擅长的手法表演给他们看。"

哲斯顿每一次在走上台时总是一再对自己说："我爱我的观众，他们是我的朋友。"很多观众甚至因此真的成了哲斯顿的朋友。

你能说哲斯顿虚伪吗？不能。那么，你会相信所有的观众都是哲斯顿的朋友吗？也不会。所以，你只能说哲斯顿将朋友分了等级。

把朋友分等级听起来似乎太无情，对感情丰富的人来说更是比较难，把朋友分等级，你会觉得有罪恶感。可是，你觉得交朋友都是诚心的，不会利用朋友，也不会欺骗朋友，但别人和你做朋友却不一定是诚心的。在我们的朋友中，人格清高的朋友固然很多，但想从我们身上获取一点利益，心存坏意的朋友也不少。

从这一点出发，朋友可分为"刎颈之交级""推心置腹级""可商大事级""酒肉朋友级""点头哈哈级""保持距离级"等。

如果根据这些等级来决定与对方来往的密度和自己心窗打开的程度。就可以在生活中和职场上最大限度地保护自己。

在交朋友的过程中，要牢记以下几个弹性的原则：

1.平常心

俗话说，人无千日好，花无百日红，没有永远的敌人，也没有永远的朋友；敌人会变成朋友，朋友也会变成敌人，这就是社会上的现实。当朋友因某种缘故而成为你的敌人时，你不必太忧伤感叹，因为有一天他有可能再成为你的朋友。有这样的认知，就能以平常心来交朋友了。

2.放下你的身架

千万不要以为你是老板或博士，就不去理会某个同事，这种身架会使你交不到朋友。事实上，企业中的每一位员工都有各自的专长，当团队中的某个成员在工作中出现问题或者需要帮助时，我们应在做好本职工作的同时尽量对他们施以援手。尽管我们的职责不同，擅长的方面也不尽相同，但一点一滴的关怀和帮助也会激励他人努力完成工作。这样与同事一起工作时气氛就会融洽得多，我们也会从中得到更多的快乐。搬开别人脚下的绊脚石，有时恰恰是为自己铺路——帮助同事即是帮助自己，不过这种"弹性"不容易练就，必须慢慢来实践。

3.避免感情用事

现今社会是市场经济社会。如果你正处于只能维持最低的生活水平状态，或者正处于事业发展的紧要关头，你只能"有事"才"有人"。这时候，把友谊放在头等重要的位置上，是解决不了生计问题、不利于事业发展的。

所以，在工作中当我们想要帮助同事的时候，一定要征求对方的意愿，并遵照对方的意见帮忙，千万不要贸然行动。

另外，我们也要切忌在私底下过多帮助自己的同事，因为私底下帮助同事，往往可能会脱离工作范围。我们私底下帮忙的事情，只能偶尔为之，而且要让对方清楚你是卖他一个人情，不能养大他的胃口，该拒绝时还是要明白地说"不"，当对方知道你帮忙的分寸和底线后，自然不会再三试探。

第二课

尊重他人，社交的第一原则

哈佛专家指出：在社会交往中，获得尊重既是一个人名誉地位的显示，也表明他的品行、学识、才华得到了认可。无论是年长者还是年轻者、位尊者还是位卑者，都期望别人尊重自己。因此，那些懂得尊重别人的人，人们对他产生好感就是情理之中的事情了。

永远让对方感觉到他的重要性

每个人都喜欢被人重视的感觉，这是人类的天性。每个人都有虚荣心，每个人都应该将其铭记于心。

——哈佛箴言

哈佛的心理学家曾经说过，每个人的心里都有一个无意识的标签，就是别人尊重自己。人最在乎的就是别人是否看重自己，是否感觉到自己很重要。如果在有求于人或者与人沟通的时候懂得无形之间增加对方的必要性，那么对于对方而言，他就会觉得自己得到了尊重，谈起事情来也就顺利多了。

第一次世界大战之惨烈，可谓状况空前。美国政府迫切需要看到和平的曙光，威尔逊决心为此而努力，他准备派遣一位私人代表作为和平特使，与欧洲军方进行协商、合作。国务卿勃莱恩一贯主张和平，极想获得这个机会，他知道这是立大功并且可以名垂青史的好机会。但威尔逊却委派了他的好朋友赫斯上校。赫斯上校当然觉得万分荣幸，但将这一消息告知勃莱恩又不触及他的自尊，却是一件十分棘手的工作。

"当听说我要去欧洲做和平特使时，勃莱恩显然十分失望，他说他曾打算去干这事。"赫斯上校在日记中这样写道，"我回答说，总统认为其他人正式地去做这件事不太适宜，而派你去，则目标太大，容易引起注意，会有太多猜疑，为什么国务卿到那里去呢？"

　　从赫斯上校的话中我们可以听出一种弦外之音,这等于在告诉勃莱恩,他太重要了,不适宜亲自去做这一工作——这样便使勃莱恩的虚荣心获得了满足。赫斯上校十分精明,他在处理这一事情的过程中遵守了人际关系中的一个重要准则:满足他人的虚荣心,永远使对方觉得自己很重要,他会依从你的感觉。

　　拿破仑称帝时,他是如何安抚那些为他出生入死的将士的呢?据说,他一共颁发了1500枚徽章给他的将士,赐封他的18位将军为"法国大将",称他的部队为"王牌军"。有人批评拿破仑给老练的精兵一些"玩物",而拿破仑回答说:"人们本来就是被玩物所左右的。"

　　心理学家马斯洛曾指出,每个人都希望自己的能力和成就得到社会的承认,这就是尊重的需要。它又可分为内部尊重和外部尊重。内部尊重是指一个人希望在各种不同情境中有实力、能胜任、充满信心、能独立自主。其实,内部尊重就是人的自尊。外部尊重就是指一个人希望有地位、有威信,受到别人的尊重、信赖和高度评价。所以,当你让对方感觉到他非常重要,给了他充分的尊重后,他会感觉很舒适,很容易就接纳你,从而帮助你实现你的目标。

　　在大选来临之前,英国政治家玛格丽特·撒切尔夫人所在的保守党面临着一个难题——如何制止颓势?撒切尔夫人的解决办法是令人信服的,她说:"我们只有一个办法,走出去,到选民中去。这样就会最终获胜。"
　　保守党的工作人员认为,和撒切尔夫人在一起搞竞选实在很累。因为她总是在大街上东奔西跑、走家串户。一会儿在这家坐会儿,同房东交谈;一会儿又同那个握握手,或向坐着扶手椅的人问长问短;一会儿又到商店询问价格……大部分时间,她带着秘书黛安娜跑来跑去。午饭时,他们就到小酒店和新闻发言人罗伊·兰斯顿以及委员会的其他成员一起喝啤酒。然后，她又去握更多的手，参加集会做演说，接见更多相识过的人。这样，撒切尔夫人身体力行地赢得了越来越多的拥护者，为竞选打下了坚实的群众基础。

撒切尔夫人为什么会在大选中获得最终的胜利，就是因为她敏锐地捕捉到了尊重他人的重要性，尤其是对选举至关重要又曾被人忽视的普通选民。她运用了一种最有利的方式获取他人对她表示善意和支持的态度，而且也把政治领袖和普通民众间的隔阂消除了，使自己的形象在他人心中更人性化。从心理学的角度来说，撒切尔的这种做法含有一种亲善心理，让人体会到她的平易近人与和善。这自然能引起人民的爱戴和拥护，因为，她这一人性化的形象消除了人与人之间的心理隔阂，使人与人之间变得更亲近、更便于交流。

因此，在交际过程中，永远让对方感觉到他的重要性，这样他才会助你实现目标。

诚信是社交的基石

信用就是财富，信用建设需要一个过程，这个过程虽然缓慢，但带来的财富却是巨大的；你破坏它是非常容易的，所以，一定要珍惜这个财富，珍惜这个过程。

哈佛箴言

我们的信用是一笔无形的资产，从某种意义上说，以"信誉、信用"为基础的合作比以资金为基础的合作更为高级，也更为持久，更为深入，更有效益。

台湾首富王永庆先生9岁丧父，他16岁的时候在台湾南部的嘉义县开了他人生第一家米店。王永庆的小店开张后没有多少生意，原因是隔壁的日本米店具有竞争优势，而城里的其他米店又拴住了别的顾客。

于是王永庆先生决定降价销售来吸引顾客。可是当他把米价调到每斗比别人便宜一两块时，他的小店还是没有生意。只有一个人在他那里买米，这个人是他父亲以前的朋友。他对王永庆说："我之所以买你的米，不是因为你的价钱比别人便宜，而是我相信你父亲的为人。"

此时王永庆的米店遇到了极大的困难。就在这时候，他意识到，店里唯一的顾客是靠死去的父亲吸引来的，这使他想通了一个问题，那就是：顾客买东西更在乎店主的为人，而不是价格。当时的大米加工技术比较落后，出售的大米掺杂着米糠、沙粒和小石头，买卖双方都是见怪不怪。可是王永庆当时却把他店里卖的所有的米中的米糠、沙粒和小石头挑得干干净净，每天他自己都要挑到深夜一两点钟。这在当地引起了不小的轰动，后来，他的米店成了当地生意最红火的米店。

如果你是个讲诚信的人，周围的人就会了解你、相信你，不论在什么情况下他们都知道你不会掩饰、不会推托，也不会为自己的行为辩解，他们知道你说的是实话。

那些取得巨大成功的人士有许多共同的特点，其中之一就是诚实守信。

美国知名的房地产经营家乔治以诚实守信著称，大家都亲切地称他是"房地产大王"。乔治常对人说他早期的故事。

　　当时他在伊利诺伊州担任房地产业务人员。有一栋房子由他经手出售，屋主曾经告诉他："这栋房子整个骨架都很好，只是屋顶太老，早就该翻修了。"

　　乔治第一天带去看房子的顾客是一对年轻夫妇。他们说准备买房子的钱有限，很怕超支，所以想找一幢不需大修的房子。看了之后，他们就喜欢上了它，特别是它的位置，想要马上搬进去住。这时，乔治对他们说："这栋房子需要花7000美元重新整修屋顶！"

　　乔治知道，说出这栋房子屋顶的真相，这笔生意可能因此做不成。果然，这对夫妇一听到修屋顶要花这么多钱，就不肯买了。一个星期之后，乔治得知他们找另外一家房地产交易所，花了较少的钱买了一栋类似的房子。

　　乔治的老板听说这笔生意被别人抢走了，非常生气，他把乔治叫到办公室。老板对乔治的解释很不满意，更不高兴他替那对夫妇的经济条件操心。

　　"他们并没有问你屋顶的情况！"他咆哮着说，"你没有责任说出屋顶要修，主动说这个情况是愚蠢的！你没有权利说，结果搞坏了事！"于是，他把乔治解雇了。

　　假如乔治不能正确认识这件事的话，他当时会想："我把实话告诉了那对夫妇，真是做了傻事，我为什么要为别人操心呢？我再也不要那样多嘴，把佣金搞掉了。我可真笨！"

　　但是，乔治希望做个诚实人——他受到的教育就是要说实话。他的父亲总是对他说："你同别人一握手，就算是签了合同，讲的话就得算数。如果你想长期做生意，就要讲公道。"乔治最关心的是他的信用，而不是钱。他当时虽然想要把那栋房子卖掉，但绝不肯因此而损及自己的人格。即使丢掉了职业，他仍然坚信自己唯一的做事准则——就是把所有的真相统统说出来。

乔治向他帮过忙的一位亲戚借了些钱,搬到了加利福尼亚州,在那里开了一家小房地产交易所。过了几年,他以做生意公道而出了名。虽然这样做使他丢了不少生意,但是人们都知道他靠得住,所以都愿意与他合作。最后,他终于赢得好名声,生意做得很兴隆。

人的一生有许多财富,其中信用就是一笔不小的财富。信用,是社会人际关系的精神纽带,也是人际关系的最高原则。今天,我们要记住哈佛的箴言,信用带来的不仅是道德财富,而且还有"真金白银"的价值。

雪中送炭胜过锦上添花

路边一位找不到方向的盲人,他只是需要你伸出关爱之手帮他找对方向或带他走一段路,而不是要你告诉他在哪儿可以坐公交车。

——哈佛箴言

每个人活在这个世上,都不可能不有求于人,也不可能没有助人之时。当你打算帮助别人的时候,请记住一条哈佛大学的规则:救人一定要救急。

一般说来,对别人的帮助要恰到好处,更要落到实处。我们常常用两肋插刀来形容朋友之间很深的情谊,当朋友有难时,我们能够不顾一切地去帮助他,这才是真正的帮助。

通常,人们最重视雪中送炭,而非锦上添花。人的一生不可能总是一帆风顺的,难免会碰到失利受挫或面临困境的情况,这时候最需要的就是别人的帮助，这种雪中送炭般的帮助会让人记忆一生。

其中的道理很简单：如果他人有求于你了，这说明他正等待着有人来相助，如果你已经应允了，那就必须及时相助。如果他人没有应急之事，也不会向你求助，因为一般人都不愿求人。可是事情到了紧要关头，不求人就毫无办法，甚至会失去生存能力，那怎么办呢？一旦你答应帮助他，他心存感激之余当然会把希望完全寄托在你的身上，如果你最后帮得不及时或者没有去帮，只会适得其反，你反而会遭到怨恨。

在三国争霸之前，周瑜并不得意，他曾在军阀袁术手下为官，被袁术任命居巢长，就是一个小县的县令。

这时候地方上发生了饥荒，年成既坏，兵乱间又损失很多，粮食问题就日渐严峻起来。居巢的百姓没有粮食吃，就吃树皮、草根，很多人被活活饿死，军队也饿得失去了战斗力。周瑜作为地方官，看到这悲惨情形急得心慌意乱，却不知如何是好。

有人给他献计，说附近有个乐善好施的财主叫鲁肃，他家素来富裕，想必一定囤积了不少粮食，不如去向他借。

于是周瑜带人登门拜访鲁肃，寒暄完毕，周瑜就开门见山地说："不瞒老兄，小弟此次造访是想借点粮食。"

鲁肃一看周瑜丰神俊朗，显而易见是个才子，日后必成大器，顿时产生了爱才之心，他根本不在乎周瑜现在只是个小小的居巢长，哈哈大笑说："此乃区区小事，我答应就是。"

鲁肃亲自带着周瑜去查看粮仓，这时鲁家存有两仓粮食，各三千斛，鲁肃痛快地说："也别提什么借不借的，我把其中一仓送你好了。"周瑜及其手下一听他如此慷慨大方都愣住了，要知道，在如此饥荒之年，粮食就是生命啊！周瑜被鲁肃的言行深深感动了，两人当下就交上了朋友。

后来周瑜发达了，真的像鲁肃想的那样当上了将军，他牢记鲁肃的恩德，将他推荐给了孙权，鲁肃终于得到了干事业的机会。

鲁肃在周瑜最需要粮食的时候送给了他一仓粮仓，这就是所谓的雪中送炭。

在生活中，很多人总是在别人不是很需要的时候拉上一把，以便使之锦上添花。但其实，锦上添花不如雪中送炭。当他人口干舌燥之时，你奉上一杯清水，这胜过九天甘露。如果大雨过后，天气放晴，再送他人雨伞，就已没有丝毫意义了；如果人家喝醉了还给人敬酒，这未免太过于虚情假意了。我们在帮助别人时一定要注意这些。

"患难之交才是真朋友"，这话大家都不陌生。

晋代有一个人叫荀巨伯，有一次他去探望朋友，正逢朋友卧病在床，这时恰好敌军攻破城池，烧杀掳掠，百姓纷纷携妻挈子，四散逃难。朋友劝荀巨伯："我病得很重，走不动，活不了几天了，你自己赶快逃命去吧！"

荀巨伯却不肯走，他说："你把我看成什么人了，我远道赶来就是为了来看你。现在敌军进城，你又病着，我怎么能扔下你不管呢？"说着便转身给朋友熬药去了。

朋友百般苦求，叫他快走，荀巨伯却端药倒水安慰说："你就安心养病吧，不要管我，天塌下来我替你顶着！"这时"砰"的一声，门被踢开了，几个凶神恶煞般的士兵冲进来，冲着他喝道："你是什么人，如此大胆，全城人都跑光了，你为什么不跑？"

荀巨伯指着躺在床上的朋友说："我的朋友病得很重，我不能丢下他独自逃命。"他正气凛然地说，"请你们别惊吓了我的朋友，有事找我好了。即使要我替朋友而死，我也绝不皱眉头！"

敌军一听愣了，听着荀巨伯的慷慨言语，看看荀巨伯的无畏态度，很是感动，说："想不到这里的人如此高尚，我们怎么好意思侵害他们呢？走吧！"说着，敌军就撤走了。

患难时体现出的正义能产生如此巨大的威力，说来不能不令人惊叹。

德皇威廉一世在第一次世界大战结束时，算得上全世界最可怜的一个人了，可谓众叛亲离。他只好逃到荷兰去保命，许多人对他恨之入骨，可是在这时候，有个小男孩写了一封简短但流露真情的信，表达他对德皇的敬仰。这个小男孩在信中说，不管别人怎么想，他将永远尊敬他为皇帝。德皇深深地为这封信所感动，于是邀请他到皇宫来。这个小男孩接受了邀请，由他母亲带着一同前往，结果他的母亲后来嫁给了德皇。

人们总是可以敏感地觉察到自己的苦处，却对别人的痛处缺乏了解。他们不了解别人的需要，更不会花工夫去了解；有的甚至知道了也佯装不知，大概是没有切身之苦、切肤之痛吧。

小于是某企业的打字员，一天中午，一位董事走进办公室，向办公室里的员工们问道："上午拜托你们打的那个文件在哪里？"可是当时正值吃午饭时间，谁也不知道那个文件放在哪里，因此谁都没有回答他，这时，小于对他说："这个文件的事我虽然不知道，但是，谭先生，这件事交给我去办吧，我会尽早送到您的办公室的。"当小于把打好的文件送给董事时，董事非常高兴。

几周之后，小于高兴地向她的同事宣布：她升迁了。显然，小于的热心和办事利落获得了董事的赞赏，因此董事在董事会上大力推荐了她。

有时候不用很费力地帮别人一把，别人也会牢记在心。投之以木瓜，报之以琼琚。

我们总会在现实生活中遇到一些困难,遇到一些自己解决不了的事情,这时候,如果我们能得到别人的帮助,我们将会永远铭记在心,感激不尽,甚至终生不忘。濒临饿死时送一个萝卜和富贵时送一座金山,就其内心感受来说是完全不一样的。我们要做的,不是在别人富有时送他一座金山,而是在他落难时送他一杯水、一碗面、一盆火。雪中送炭,才能显示出人性的伟大,才能显示友谊的深厚。

"无事不登三宝殿"是交往的大忌

感情的投资是为了崇高的理想,这无疑是最高境界。

——哈佛箴言

我们在交往中要培养一种习惯:没事的时候与朋友保持联络。如果平时连一声问候也没有,有事时才找出尘封已久的名片,向他人求助,这是纯粹的功利交际。抱着这样的想法去与人交往,注定要失败,因为谁也不想被人利用。

朋友的维护重在平时下功夫,没事不联系,有事找上门,这是交往的大忌。朋友的累积都在平时,就像佛家所说的,平时多烧香,需要时求佛才灵验。

孙波的人缘很不错,大家都乐于与他交往。工作了三年,他已经结识了许多朋友,有刚上班的毕业生,还有职场上的老手,也有些混得不错的小老板。孙波的同学于涛，同样工作了三年，身边只有几个熟人，很是郁闷。

一次，于涛去找孙波，向他讨教交际经验。两人到一家小饭馆，边吃边聊。于涛说："我很纳闷，你怎么认识那么多人，还交往得挺不错，我目前认识的还是那几个老熟人，始终没进展。"孙波很轻松地说："其实与人交往很简单，没事常联系就行了。"

"平常工作忙得很，哪有时间联系呀？"

"睡觉前几分钟发个短信可以吧？休息日抽空看望一下可以吧？赶上节日问候一下可以吧？对方失业了，慰问一下可以吧？朋友升职了，祝贺一下可以吧？同事、同学过生日，没空去不要紧，打个电话祝福一下总可以吧……"

于涛这才明白过来，注重平常的一些细节，对交往有很大的促进作用。

孙波接着说："还有一条是最重要的，不要带着功利心与人交往，没事情常联系，有事情也不要轻易麻烦朋友，自己能做的就不要依赖别人，动不动就麻烦朋友，朋友会怎么看你？"

"有道理！"于涛恍然大悟。他以前做得很不好，很少主动与朋友联系，时间一长，彼此的关系就疏远了。等疏远以后再联系，总觉得找不到共同话题，这样就很难交流了。于涛下决心今后一定要做好与朋友常联系的工作。

"人非草木，孰能无情"，感情投资可以说是收益最大的投资，情与情的交流，心与心的碰撞，让彼此的友谊加深，等到自己需要帮助的时候，定会有很多朋友愿意站出来鼎力相助。

蒋超与人交往就很有目的性。他觉得朋友就是互相利用的，不然就没必要搞交际了。一次，朋友为他介绍了一位公司的经理，蒋超很兴奋，主动让朋友约那位经理一起吃饭，当然是蒋超买单。朋友也没拒绝，随后几个人到饭店喝得"沉醉不知归路"。蒋超握着那位经理的手说："以后有什么事情，还请您多多关照……"这位经理也随声应和着。

事后蒋超就将对方忘了。不到半年，蒋超工作上出了问题，上司要将他调到别的部门，蒋超不愿去，就想辞职。但是，他怕工作不好找，就打算先找工作，等工作找到后再提出辞职。

但是，他向许多朋友打听了，各家单位都不缺人，有的还忙着裁员。最后蒋超想起半年前认识的那位经理，他想：那位朋友既然是经理，就应该有点实权，如果托他帮忙，说不定会有希望。于是蒋超翻箱倒柜地找名片，最后在床头柜的抽屉里找到了那位经理的名片，就打电话向他求助。经理被弄得一头雾水。

蒋超说他与朋友阿杰陪经理吃过饭的，如今要请经理帮着谋份工作。

经理说要看看公司的情况。经理放下电话气就来了，心想：还有这种人？平时连个电话都不打，这会儿突然要我给他找工作，哪有这等好事？其实，要不是蒋超提起阿杰，这位经理早已想不起蒋超了。

到头来蒋超的工作也没落实，朋友阿杰还打来电话责备他："你怎么如此莽撞地找那位经理办事，连我都被他责怪了。工作的事你自己看着办吧！"蒋超碰了一鼻子灰，只能待在原来的单位。

本来是个很好的关系，却被蒋超给搞砸了。如果前期他与那位经理经常联系，逐渐加深彼此的印象，时机成熟后再说工作的事，也不至于一下子就把关系弄砸了。

至于朋友间的感情投资，则一定要有选择性。志趣相同的朋友可遇而不可求，一旦相遇，投资必多。

哈佛大学认为，伟大的马克思和恩格斯之间的友谊被誉为"最伟大的友谊"，而共同的革命事业就是他们友谊的纽带。他们感情的投资是为了崇高的理想，这无疑是最高境界。而现实中，不少朋友之间的感情投资却不是基于什么共同志向，而是为"办事"，为求朋友帮忙才进行，为求朋友帮忙才去与朋友聊天、吃饭，为求朋友帮忙才拜访朋友，让朋友觉得"你是认为我有用才找我"，感情上亏欠。有的人，平时对朋友不理不睬，连打电话问候都不愿意，更不会进行什么感情投资了。这样的人在"办事"时去找朋友，结果就可想而知了。

朋友关系需要在平时精心维护。我们在交往中要培养一种习惯：没事的时候与朋友保持联络。如果平时连一声问候也没有，有事时才找出尘封已久的名片，向他人求助，这是纯粹的功利主义。抱着这样的想法去与人交往，注定要失败，因为谁也不想被人利用。

提前给朋友帮助，不要总是等别人求你

聪明人都明白这样一个道理：帮助自己的唯一方法，就是主动地去帮助别人。

——哈佛箴言

你的朋友是否常对你说"帮我一次，可以吗"。倘若真是这样，请改变你的作风，不要总是让朋友开口求你，试着自发、提前给予朋友帮助，效果也许会更好。毕业于哈佛大学的著名作家阿尔伯特·哈伯德曾说："聪明人都明白这样一个道理：帮助自己的唯一方法，就是主动地去帮助别人。"

俗话说："多一个朋友，多一个后盾。"友谊靠的就是互助来维系，这一次你主动帮助了别人，下一次别人也会主动给予你帮助。所以，不要

吝惜你的主动和热情，朋友有难时，自发地给予一些帮助，比朋友开口求你时所得到的效果会更加明显。

日常生活中，只要朋友需要帮助，并且是形势所迫、合理合法的，我们就应该伸出援助之手，而且这个帮助尽量要在朋友开口之前。即使没有回报，也会有个舒畅的心情做补偿不是吗？如果你在朋友有难之时总是袖手旁观，等待友人来求助，再思量是否要提供帮助，那么你的人脉必然是难以拓宽，也不会变得坚实的。我们要把每一次助人看成一个机会，一次拓展人脉的机会，而机会是自己抓住的，不是别人给的。

20世纪70年代初，陈玉书带着家人来到了香港。抵港之初，陈玉书身上只有50港元。为了一家人的生活，他什么脏活累活都做过，甚至还去当过"地盘工"，但是日子仍然难以维系。每天中午，他总是独自一人就着开水啃面包；舍不得买报纸，他就捡别人丢弃的旧报纸来看。为了减轻负担，他和妻子"约法三章"："谁也不准生病。"

虽然陈玉书汗流浃背地苦干，但命运之神却总是和他开玩笑。不久，填海工程结束，陈玉书失业了，生活一下子跌到谷底。他不得不又一次四处求职，却因僧多粥少而屡屡被拒之门外。可偏偏在这时，他的妻子又怀孕了，他的经济能力无法再抚养一个孩子，只好找医生给妻子做人工流产。可是，他连做手术的费用都支付不起，只能四处奔走找朋友帮忙，好不容易才凑齐那笔款子。日后，他回忆起那段生活，说："那真是残酷的人生。"

为此，陈玉书常常陷入苦恼之中。有一天，他到公园小憩，看见一位妇女把小孩抱上秋千，却几次都无法把秋千荡起来。陈玉书主动上前帮了她一把。在交谈中，陈玉书得知这位太太是印尼华侨，她的丈夫是印尼领事馆的高级官员。

事情总是如此凑巧，不久后，陈玉书的朋友有一批货在印尼领事馆办商业签证时遇到了麻烦，陈玉书便找刚结识的这位太太帮忙。朋友的问题不但得到了顺利解决，并且在税率上享受了优惠待遇，节省了一大笔钱。陈玉书也因此获得了自己的第一桶金——5万美元的酬金。陈玉书没有乱花这笔钱，而是用来开创自己的事业。他的精明和讲义气让他结识了大量朋友，人脉逐渐广阔。最后陈玉书成了香港著名的"景泰蓝大王"。

主动帮助别人其实也是一次自我提升。在帮助别人的过程中学习到自己尚未掌握的本领以及经验，未雨绸缪。可见，当你决定去主动帮助别人时，你就已经收获到一份难得的人生经验和智慧了。再加上帮助朋友所得的情谊和名声，我们还有什么理由选择不去主动帮助朋友呢？

自发性地帮助别人是一种美德，这种美德会使你的人格更加仁厚、善良，也会使你愈发地受欢迎。当你把自发性地帮助朋友养成一种习惯后，朋友就会依赖你，并且把你当成知己和恩人。

哈佛大学的一位教授说过："为了别人，请把你手中的蜡烛点燃，照亮别人的同时，最先被照亮的，肯定是你自己！"帮助别人就是在帮助自己，给现在的自己一份"明悟"，给未来的自己一份"礼物"。

授人以鱼，不如授人以渔

助人助心，自立者方能自强。

——哈佛箴言

请给予他人所需要的，而不是你想给的。因为很多人对他人的关心，都是站在自己的角度，单方面地以自己的感情、想法、理解去给予，甚至不管别人是否需要，不问青红皂白地就强加给别人。

哈佛大学曾访问过100位白手起家的富翁，发现他们都有一个共同的特点，就是他们都是优点的发现者，能看到其他人好的一面。

比如，美国的玛丽·克罗莱女士所创办的家务与礼品公司。开始时她一无所有，最后竟成功地成为一家堪称销售界楷模的公司。为什么她能获得如此惊人的成功呢？有人说，她的成功出自她深刻的信仰：她相信一个有信仰的人等于99个只有兴趣的人；她相信每个人都有无限的潜能，如果你能从心理、道德、精神层面上帮助他们，他们也会在相同的基础上跟你建立生意，助你赚钱。

英国电视制片人莱斯·布朗成名后经常回忆起大学时代的一位恩师，并且不止一次地对别人说，自己的今天都要归功于那位教授，他点燃了自己心中的信心火焰。

读大学时，布朗是一名"差生"，外语、数学和历史考试经常不及格，暑假期间还被迫到补习班补习。他以为自己很笨，觉得自己比大多数同学都迟钝，也不像他弟弟妹妹那样聪明伶俐。就在他灰心丧气、一蹶不振的时候，一位名叫卡尔的教授在听了他的倾诉后非但没有嘲笑他，反而鼓励他说："哦？布朗，没关系的，它能说明什么呢？它只能说明今后你还得更加努力才行。要知道，对未来命运和成就起决定作用的因素有很多。记住，千万不要灰心，不要泄气！"

在得到卡尔教授的鼓励后，布朗好像变了一个人，对自己充满了信心，对任何事情都勇于去尝试、去奋斗、去拼搏。后来，布朗的名字终于上了学校的荣誉册。几年以后，他又制作了5部专题片，并在电视上播出了。当他制作的节目《你应受报答》在教育台播出后，卡尔教授还专门给他打来了电话说："你就是那个让我感到骄傲的人，是吗？"布朗也恭恭敬敬地说："是的，先生，正是我。"

故事之所以动人，那是因为有助人的智慧在其中。不难想象，如果当年卡尔教授像其他人一样嘲笑布朗，那么后来的布朗又怎么能够树立起信心呢？卡尔教授转换了帮助布朗树立信心的方法——安慰他、鼓励他！

我们说的"智慧地助人"，就是不带给被助者卑微感受的帮助。

有一次，一位纽约的商人把一枚硬币丢进了一个卖铅笔人的杯子里，便匆忙踏进地铁。过后他想了一下觉得这样做不妥，又跨出地铁，走到卖铅笔人那里，从杯中取走几支铅笔。他抱歉地解释说，他在匆忙中忘记了带走铅笔，希望对方不要介意。他说："毕竟，你跟我一样都是商人。你有东西要卖，而且上面也有标价。"然后他就赶下一班车走了。

几个月后，在一个隆重的社交场合，一位穿着整齐的推销员走到这个商人身边，并自我介绍说："您可能已经忘记我了，而我也不知道您的名字，但是我永远忘不了您，您就是那个重新给我自尊的人。我一直是一个销售铅笔的乞丐，直到您跑来找我，并告诉我，我是一个商人。"说来有趣的是，后来正是这位昔日的乞丐，帮助这位商人把积压的商品推销了出去，还挣了不少钱。

助人的方式有很多种，古人就曾说"授人以鱼，不如授人以渔"。可是当人们真正做善事的时候，又有几个人真的考虑过被助者的心理？哈佛专家提醒我们：助人助心，自立者方能自强。当我们做善事的时候，一定要多替对方考虑一下。没帮到人事小，要是伤害了人，那就跟自己的初衷相差甚远了。

做个能给朋友安全感的人

在与他人交往的时候，人们最关心的是：他是否重视我、他是否尊重我、我的话语是否有真知灼见、我的表述是否精辟等。一旦我们的做法或者态度给他人带来不安全感的时候，我们就很难走进他人的心里。

——哈佛箴言

"我能不能信任这个人？"这样的问题通常会让许多人困惑。合作的时候笑脸相迎，发生冲突的时候就变得翻脸不认人。哪怕是朝夕相处的同事或者朋友，也会在发生利益冲突的时候变成敌人。对于"朋友"的不安全感，确实让许多人感到困惑。

哈佛大学的心理专家分析：在现代社会，每个人都有一种心理，表面上看起来是比较平静且有安全感的，实际上其内心深处则隐藏着各种的危险感或不安全感。在人际交往当中对他人缺乏安全感的人越来越多，这些人在心理上明显的表现就是不相信任何人，时刻处于戒备的状态。在人际交往中，别人很难走进这些人的生活和心里，也就很难取得这些人的信任。

人们在心理上缺乏安全感，很大程度是由自身造成的。人是生活在社会中的，人与人之间的交往在给人带来各种好处的同时，也给人带来很多的危险。身边其他人的存在更会让每个人担心，因为，人是有心理的，而心理的变数是最多的。

那么如何做个让别人信任的人呢？哈佛心理学家提出的几点也许可以

帮到你。

营造具有舒适、安全感的交流环境

每个人都有一定的人际关系背景，并且有相应的行为模式。在交往的过程中，每个人都力图创造出适合自己的情景模式。在与人交往时，首先要创造一个符合对方心理需求的交流情景，例如交流的地点和气氛等要尽量符合他的行为模式，使对方的情绪处于一个愉悦的状态。

有一项实验，工作人员准备了两个房间，一个房间阴冷、装饰恐怖，另一个房间温暖舒适。工作人员让两组观察者和客人进行交流，并要求客人说出对两组人的评价。结果显示，处在不同房间的客人对观察者的评价和印象明显不同。处在舒适房间的客人对观察者的好评远远多于置身于不舒适房间的人对观察者的评价。

实验表明，舒适、安全的环境会排除人的恐惧心理，使人心存善意、心情舒缓。所以，要想攻破他人的心理防线，首先就要创造一个使人感到舒适、安全的环境。

言语巧妙，消除对方的言语戒备

以色列总理拉宾是和平的守卫者，他很少接受采访，不喜欢和新闻界打交道。我国著名的电视节目主持人和记者水均益在采访拉宾时采用了攻心策略，巧妙地打开了他的话匣子。

采访拉宾时，水均益首先说道："总理先生，一千多年前，一些犹太商人和拉比（犹太教士）带着商品和在羊皮上写成的《圣经》卷宗来到了中国的黄河岸边。从那时起，犹太人民和中华民族有了第一次良好的交往。今天，您作为第一位来到中国的犹太国家的领导人，您给我们带来了什么呢？"

水均益这番话，既表明自己熟谙两国人民的历史，使对方不敢小觑自己，又说出两国人民的友谊源远流长；同时，还显露了自己对拉宾总理的信任与热切期待，期待他的到来会揭开两个民族之间友好交往的新篇章。

无疑，这是拉宾最喜欢的话题，就这个问题，他真诚而愉快地谈了七分钟。对向来不苟言笑的拉宾而言，这是破天荒的。

水均益运用语言技巧，从拉宾的愿望、志趣、信仰、理想等方面入手，找到与拉宾的共同话题，投其所好，这就大大缩短了双方的心理距离，引起对方的心理共鸣。

要突破他人的心理防线，就要在交流的过程当中巧妙施展语言技巧，找到共同话题，引导双方进入自己设定的交流情境当中，争取主动。

以情攻心，促其转化

《触龙说赵太后》中讲述了触龙劝说顽固的太后的事情。触龙见到太后之后，先谈健康问题，表示对太后的关心，消除了她的怒气；继而谈爱子问题，用激将法说太后爱燕后超过了爱长安君，逼着太后吐露溺爱长安君的心事；然后又用赵王和诸侯的子孙为例，暗示太后的溺爱对长安君并没有好处，并最终打动了太后。

触龙之所以能劝说成功，除了具有高超的语言艺术外，还在于他深切地了解太后的心理。用真情实感去打动太后，唤起太后的爱子真情。

人非草木，孰能无情？有很多时候，人们即使在物质生活上得到了极大的满足，也替代不了情感上的需要。对一些讲义气、重感情的人物，要充分利用其父母、子女的牵挂之情和亲友之谊去打动他们，消除他们心理上的戒备，让他们确认你就是那个他们最愿意倾吐心声的人。

寻求一致，以短补长

有一个小伙子爱上了一个商人的女儿，但姑娘始终拒绝他，因为他驼背很厉害看起来古怪可笑。这天，小伙子找到姑娘，鼓足勇气问："你相信姻缘天注定吗？"姑娘眼睛盯着天花板答了一句："相信。"接着姑娘反问他："你相信吗？"小伙子回答："我听说，每个男孩出生之前，上帝便会告诉他，将来要娶的是哪一个女孩。我出生的时候，未来的新娘便已经配给我了。上帝还告诉我，我的新娘是个驼子。我当时向上帝恳求：'上帝啊，一个驼背的妇女将是个悲剧，求你把驼背赐给我，再将美貌留给我的新娘。'"姑娘看着小伙子的眼睛，内心深处被搅乱了。最终，她把手伸向他，之后成了他挚爱的妻子。

与他人交往缺乏安全感的人经常处于"拒绝"的心理组织状态之中，自然而然地会表现出不友好。因此，要想突破这样的人物的心理防线，就要努力寻找与对方一致的地方，先让对方赞同你远离主题的意见，从而使其对你的话感兴趣，而后再设法将你的主题引入，最终求得对方的同意。

循序渐进，欲进尺先得寸

当个体先接受了一个小的要求后，为保持形象的一致，他可能接受一项重大、更不合意的要求，这叫作登门槛效应，又称得寸进尺效应。

心理学家认为，一下子被别人提出一个较大的要求，人们一般很难接受。如果逐步提出要求，不断缩小差距，人们就比较容易接受了。这主要是由于人们在不断满足小要求的过程中已经逐渐适应，意识不到逐渐提高的要求已经大大偏离了自己的初衷。

想让别人做一件事，如果直接把全部任务都交给他往往会让人家产生畏难情绪，拒绝你的请求；而如果化整为零，先请他做开头的一小部分，再一点一点请他做接下来的部分，别人往往会想，既然开始都做了，就善始善终吧，于是就会帮忙到底。

　　两个人做过一次有趣的调查。他们去访问郊区的一些家庭主妇，请求每位家庭主妇将一个关于交通安全的宣传标签贴在窗户上，然后在一份关于美化环境或安全驾驶的请愿书上签名，这都是小而无害的要求。很多家庭主妇爽快地答应了。

　　两周后，他们再次拜访那些合作的家庭主妇，要求她们在院内竖立一个倡议安全驾驶的大招牌——该招牌并不美观——保留两个星期。结果答应了第一项请求的人中有55%的人接受了这项要求。

　　他们又直接拜访了一些上次没有接触过的人，这些家庭主妇中只有17%的人接受了该要求。

　　是啊，既然已经在刚开始时表现出乐于助人、合作的良好形象，即便后来的要求有些过分，也不好推辞了。生活中，要想使别人答应自己的要求，就需要借鉴这种登门槛效应。

　　如果你有一件棘手的事想请人帮忙，或者某个要求想征得别人同意，最好不要直接说出来。而是在提出自己真正的要求之前，先提出一个估计人家肯定会拒绝的大要求，待别人否定以后，再提出自己真正的要求，这样，别人答应自己要求的可能性就会大大增加。

　　在人际交往中，当你要求某人做某件较大的事情又担心他不愿意做时，可以先向他提出做一件类似的、较小的事情，然后一步步地提成更大一些的要求，从而巧妙地说动别人，最终达到自己的目的。

第三课

社交达人的自我修养

哈佛的公关课上指出：塑造一个有精神、美好的形象并不仅仅是为了取悦别人，更重要的是让自己有一份好的心情，有一个好的生活状态。当获得别人认可和欣赏的时候，你的生活也增加了更多的机会。

看上去就要像个成功者

有时候，"看起来就像个什么人"会让你更加接近那种人，或者让你自然而然地觉得自己就是那种人。在你追求能力、寻找机会的时候，不要忽略了自己的形象价值。

——哈佛箴言

哈佛大学的成功者能一眼让人看出他的与众不同来。"他看起来就像个企业家！""他看起来就很有魄力！""他看起来就很棒！"在这些成功人士身上，散发着他们自身的魅力和气质。

一个人形象的好坏，在成功的道路上虽然不能起到一锤定音的关键作用，但是却能影响你在他人心中受欢迎的程度。好的形象能帮助他人对你留下好的印象，建立你在众人心中的威信，给你争取更多的成功机会。

某公司的总经理助理突然辞职了，为了尽快找到合适的人选，人事部决定不对外招聘新人员，而是在行政部几位年轻的女孩中选一位。

总经理助理，这个职位虽然头衔不算高，但非常重要。这个职位能够全面锻炼一个人的工作能力，更重要的是可以学到很多东西，认识一些重要的客户，积累一定的人脉资源，也能为将来升为公司的部门经理奠定基础。因此，行政部的几个女孩都跃跃欲试。

最终，通过考核和评估，总经理助理的候选人剩下小曼、小茜和小蕾三个女孩。为了公平起见，人事部决定民主选举，让大家投票。

投票的结果，八个人中有六个人都将票投给了小茜。同事们都说小茜

"一看就很职业""一看就像个做事的人"。

尽管这三个女孩几乎同时进公司，年龄差不多大，能力也相当，但小茜显然要比另两个女孩成熟多了。她每天上班都穿着一身职业装，长长的头发用水晶发夹盘了起来，脸上化着淡妆，工作的时候不苟言笑，一副干练高效的样子。

小曼是同事的"开心果"，她喜欢穿娃娃衣，是个十足的"KIDULT（孩童化的成年人）"。她乐观开朗，心里藏不住事情，喜欢用笑话逗乐同事，连她的电脑屏幕都是蜡笔小新的图像。而小蕾则是个十足的熟女，她举手投足间都显露出一种优雅和温顺。她常常一袭长裙，黑发披肩，看她一眼就知道她是个"乖乖女"。

选举的时候，别人会因为你"看起来像领导"，而考虑投你一票；领导提拔人才的时候，会因为你"看起来像可塑之才"，而考虑提拔你；跟客户谈判的时候，对方会因为你"看起来像可靠的人"，而考虑跟你合作。

因此，任何时候你都要把自己装扮成一个成功者，让自己早点进入成功的状态，不要对此不屑一顾。

穿着适当最能引人注目，也是最能留下好印象的形象。根据你的行业和所在国家、地区，在穿着式样上应当有适当的选择。

这也属于自我推销的一部分。每个人都必须知道，他所处等级层次和职业环境中的人通常应该怎样穿着。如果对服装的鉴赏力较差，建议去听取一位善于着装者的劝告，协调整理一下衣橱。每个人都须知道，在第一次见面时，大部分人都是通过衣着对别人进行评价的。

服饰有多种风格，作为一位职场人士，应该知道的着装准则是：着装应当设定在特定的风格中，是长期西装革履，还是休闲装。另外服饰的基本色调也很重要，一般情况下，中性色肯定没错。作为一个领导人物，则必须为自己的形象进行必要的投资，准备几套高档的服装，耐穿、好看、搭配方便，没有明显的流行特征。在服饰上的投资，应当是收益之后的第一项投资项目。

哈佛大学的社交理念中，一个通用的原则要牢记：如果您仪表堂堂，是天生的衣服架子，那么穿什么都无所谓；如果身体条件一般，建议准备几套名牌服装。一方面名牌服装用料讲究、做工精细，谁都能看得出好；另一方面，可以增加自信心。但是最重要的是，个人气质应当与外在的形象一致。如果忽略了个人的气质，那就与沐猴而冠差不多，只会给大家提供笑料。

正确地运用肢体语言

其实，从你在别人眼中出现，到你开口说话的这一段时间，你一直都在"表达"，只是并不是用嘴，而是用你的眼睛、你的动作、你的全身，他们能够从中发现很多信息。

——哈佛箴言

哈佛公关课上提到：身体语言也是语言的一种，它也是由单个"词语"构成的，这种"词语"就是一个又一个的身体信号。你做出的动作就是一种具有很强示范性和引导性的身体信号，这种通过身体传达出来的信号比单纯的语言更具有说服力和可信度。而你的这些表现，会让对方在第一时间就做好应对你的准备，决定是否要听你说话。

因此，在开口之前、在交谈之中、在告辞之时，你必须时刻用你全部的身体向对方传达你对他的敬意与好感，暗示出你所要说的话的重要性。

尽管很多自然而然流露出来的动作和姿势不是凭自己的主观意识能够控制的，但这也不是说姿态就是死板的动作，可以完全任由它发挥，你还是可以根据自己的想法，把姿态加以改变，让它变得更加柔和、更加舒展、更加自然。

当然了，我们也不要把它训练成为一种模型，那样不但看上比较单调，而且也会让对方觉得你举止可笑、有失礼节。

在和别人交流的时候使用身体语言，宗旨在于协助有声语言，更好地表达自己的思想感情，因而必须适时、适当、正确地使用身体语言，不能夸张、轻浮。

下面是哈佛专家提出的几个要点：

首先，你的动作要自然。

自然是运用身体语言的第一要求。比如，有时候你见到有的人在说话的时候就像背台词一样，动作生硬、刻板、做作，跟木偶没什么区别，这种表现一定会让人看上去觉得别扭、不真实、缺乏诚意。在交谈的时候，你应该表现自然，不能故作模样，这样才能得到他人的信赖。

其次，你的动作应该保持大众化。

要简洁明了，举手投足一定要符合大众的生活习惯。如果搞得复杂烦琐、拖泥带水，甚至表现得龇牙咧嘴、手舞足蹈，像是在演话剧一样，既会喧宾夺主，妨碍有声语言的正常表达，又会给人一种眼花缭乱的感觉，让人看不懂、不知所以。也就是说，在使用手势或者摆出某种姿态的时候，一定要克服不良的习惯动作，尽量让它雅观一些，那种无意义的、多余的手势只会影响你和对方之间的正常交往。

再次，你的肢体动作要表现得适宜、适度。

也就是说，你的动作要适量，不能影响对方与你说话时的注意力。如果你说话的时候动作太多，就不是在展现你的口才，而是在表演。另外，你的动作还应该与说话的内容、情绪、气氛保持一致，绝对不要故作姿态、故弄玄虚，甚至"手"口不一。如果你拿着产品资料递给对方，却让他看大屏幕，对方一定会被你搞得晕头转向、困惑不解。

最后，在交谈的时候不要总是保持同一种姿态，而是应该富有变化。

尽管有时候某些动作上的重复是有必要的，如保持比较固定的坐姿、表情，毕竟它能够重现或强调某些事情或者你的情绪，但如果一而再、再而三地重复一种姿势、一种表情、一种手势，则一定会让你显得迟钝死板、单调乏味，说不定对方会随着你的同一个手势的节奏慢慢入睡。因此，在和对方对话的过程中，应该根据不同的内容、情绪的变化，适当地变换动作和姿态，以表明你生动活泼，富有朝气和魅力。

在交谈的时候，你还应该注意一些身体语言禁忌。

因为有一些不雅的动作、令人不舒服的坐姿或者具有攻击性的姿态，很可能会颠覆你的形象，让你前功尽弃。比如说，最好不要双手环抱在胸前或者跷二郎腿；你可以看着对方，保持基本的眼神交流，但是不要像审问犯人一般死盯着对方不放；要跟对方保持一定的距离，双脚可以适当打开，不要紧闭，并放松双肩，这样会让你显得很有自信，不具有威胁性；当对方说话的时候，不要弯腰驼背，显得作风懒惰，要轻微点头微笑，保持身体微微前倾，以表示自己对他说的话很感兴趣；坐的时候，不要显得坐立不安、手足无措，否则会让对方觉得你过于拘束，或者有所隐瞒。

提高自己的 "身价筹码"

当我们需要外界助力的时候，表现自己的困苦绝不如展示自己的信心更有力度。

——哈佛箴言

那些演艺明星或者位高权重的要人，身后总会有一家公司、几个专业人士为其提供包装策划。我们普通人，也要工作、要生活，要得到社会的认可，也需随时随地展示自己的最佳形象。

哈佛专家指出，在商场上，名人效应法是用于直接促销的常见形式，有时，巧妙地利用相关联的著名人物和组织的影响，可以为你打造出一条捷径。

中美洲的一个小国有一位书商，他手里的书老是卖不出去，于是就有人给他出主意，让他找人 "忽悠"。但是 "忽悠" 也要讲究方法，首先一定要请名人来，在那个地方总统就是最好的名人。给他出主意的人说只要把书寄给总统，无论他说什么，这本书就一定会好卖。书商一听觉得十分有道理。

于是，这位书商就把书寄给了总统，同时还寄去了一封信，信里写道："我手里的书实在是太难卖了，您一定得给我说点儿好话。"总统看完书后觉得还不错，同时也想帮助一下这个书商，于是就在书上写道 "这本书不错"，然后把书给书商寄了回去。

书商拿到总统寄回来的书如获至宝，于是把这本书挂在店里最明显的地方，并且对每一位来书店的人介绍这本总统给出好评的书。果然，这本书很快就成了畅销书。

有了这一次的经验，书商不久又把第二本书寄给了总统。总统已经听说上次寄书后书商因为自己把书大卖，于是这次就在寄来的书上写了"这本书实在不怎么样"的字样给书商又寄了回去。

但是书商拿到书后又如获至宝，并且对来书店的每一位客人介绍说："这是一本把总统气得发抖的书。"大家出于好奇，想知道这到底是怎样一本书，致使这本书也十分畅销，甚至比第一本书还要火爆。

这个消息又传到了总统的耳朵里，而且没过多久他又收到了书商寄来的第三本书。这次总统没有给书进行任何评价，他把书原封不动地寄还给了书商。这次书商打出的宣传语是"一本连总统都看不懂的书"——他的书再次大卖。

这个世界上的穷人是被机会的列车抛在后面的人。当他们发现别人手中都握着名气、财富、地位，而自己始终两手空空的时候，不免对自己的能力产生怀疑。自卑的心理使他们一直蹑手蹑脚地行事，小心翼翼地说话。长此以往，这种谦卑成了他们身上最深刻的烙印，即使有人想拉他们一把，也是以施舍者的面目而不是合作者的身份。

即使私下已经被资金问题折磨得焦头烂额，也绝不能让人看出破绽来——这样包装自己，也许有"打肿脸充胖子"之嫌，但是，只要不侵害他人的利益，也不失为一种好包装。要知道，人间有很多不美好的东西，能接下来、撑下去才是本事，若总是把辛酸痛苦之态挂在脸上，也许能换来一些廉价的同情，却可能会招来更多的鄙弃。

罗蒂克·安妮塔是英国著名的女企业家，她是美体小铺连锁集团董事长、家庭主妇创办公司的成功典范。

安妮塔出生于意大利移民家庭，父亲早逝，母亲经营一间小餐馆。安妮塔毕业于面向平民子女的牛顿学院，做过小学教师、国际机构工作人员。她结婚后在英国南方小镇小汉普敦协助丈夫戈登开办小旅馆、小餐馆，生意都不算成功，收入仅够维持生计。

后来，安妮塔决定自己创业。结婚前，安妮塔曾到南太平洋旅行，对土著居民使用的以绿色植物为原料的化妆品产生了浓厚的兴趣，采集了不少天然化妆品配方。她认为天然化妆品，一定会比市场流行的化学化妆品更受消费者欢迎，当时的困难在于4000英镑的投入，唯一的办法只有向银行贷款。

安妮塔带着两个女儿来到小汉普敦的一家银行，向银行经理诉说她的困境，说她急需开一间小店养家糊口，希望银行出于人道主义考虑，向她提供资金支持。经理认为银行不是慈善机构，拒绝了安妮塔的贷款要求。

但是，坚强的安妮塔没有绝望，她不停地想办法。安妮塔研究了一番，一周后她穿上了特制的西服，俨然一副商界女强人的样子再次来到银行。她还准备了一大摞文件，包括可行性报告和房产凭据等。文件把她筹划的小店说成世界上最好的投资项目，把自己美化成具有丰富经验的化妆品专业商界奇才。这次她改变了策略，用商业一行的游戏规则——越有钱的人越容易借贷，来与银行周旋。

那位银行经理因为一周前根本没有把安妮塔放在眼里，所以没有认真观察她。她这次改头换面再来时，竟没有认出她来。于是安妮塔的资历通过了银行的审查，很顺利地贷到4000英镑，这笔钱成为她非常重要的启动资金。

1976年3月27日，安妮塔的美体小铺正式开张。由于此前《观察家报》报道了她开店的情况，结果该店一炮打响，顾客盈门，第一天的收入就达到130英镑。

此后安妮塔不断开设分店，走上了连锁经营的道路，她的小店变成了网络遍布全球的大企业。

现代社会，人们的眼睛多是往上看的，当我们需要外界助力的时候，表现自己的困苦绝不如展示自己的信心更有力度。

民间有句俗语说：有粉擦在脸上，让人多留意你的光辉，然后你才会有支持者和崇拜者。

提升品位，打造魅力自我

一个人的长相是天生的，没办法改变；而品位则是后天培养的，它涵盖了一个人相貌之外的更多的东西，是一个人综合素质的体现。

——哈佛箴言

哈佛的成功者往往都是有品位的人，我们非常羡慕，但同时，很多人也会想当然地认为，培养高雅的品位、过优雅精致的生活、增加文化艺术的修养，打高尔夫、听音乐会、弹钢琴、穿品牌服装……这些都要有金钱的支持。所以，很多人认为，只有先赚到了钱才能提高品位，有钱人才有权谈品位。

其实，完全不是这么回事！的确，有钱人更容易接近高标准的物质和精神生活，但是品位跟金钱却没有绝对的关系。

哈佛的成功者就指出：一个人的品位并不是由他的财富决定的，而取决于他所受的教育、他的生活观、他的性格和他所处的环境。就像一个人的穿着，并不在于有多么华丽，而在于搭配的恰当和得体。有的人虽然全身名牌，珠光宝气，但留给人庸俗的感觉；有的人仅仅是简单的牛仔加T恤，却也能穿出自身的气质。要想在别人心里是个有品位、有涵养的人，你就得真正地充实自己，让自己全方位地成长起来，成为受人欢迎的、魅力四射的人。

一个人外表有品位容易做到，只需稍加用心就可以了。而想提高内在修养，那就得下一番功夫，抽出大量的业余时间去充实自己了。如果你不断地去充实自己的内心，人们会发现一个一天更比一天睿智，一天更比一天洒脱，一天更比一天高雅的你。那么，你的魅力也就自然而然地展现出来，你必定将成为受人欢迎的人。

有一个男孩，他出生于农村，家庭条件并不富裕，因此，他把所有的心思都花在了学习上。在学校里，他永远只穿那么一身灰色的外套和洗得发白的牛仔裤，而且不爱说话。寝室的人参加联谊活动也从来不叫上他。因为怕他毁了整个寝室的形象。

毕业后，他找到了一份计算机程序设计的工作，他工作很卖力，报酬也十分丰厚。尽管手头上已经宽裕了，但他仍不懂得打扮自己，不舍得多花一分钱在自己身上。在学校时穿的那套"古董"衣服，仍然套在身上。

他对自己的吃、穿、住、用，没有任何的要求，他永远是吃最差的，用最差的，穿最差的。同事们对他的印象，不是"看起来笨笨的样子""好像有点脏兮兮的"，就是"头发上总是油乎乎的"。同事们都不愿意接近他，有的同事甚至觉得他很怪异。

有些人认为节省能使他们的生活更保险，于是现在的生活过得潦草而廉价。他们毫无原则地节约，似乎每一项消费都会破坏他们心中的安全感。他们省吃俭用，不该花费的不花费，该花费的也不花费。这种人留给人的印象就是吝啬、迂腐，当然没有品位可言。

年轻，虽然是奋斗拼搏的好时期，但绝不是说年轻就不能享受生活。当然，过有品位的生活也绝不是挥霍腐败的生活。有空可以多泡图书馆，听音乐会，参观名书画展、艺术品展览，多参与一些文化人组织的活动。虽然这些活动你未必都感兴趣，但多参加能使你从优秀作品中汲取营养，开阔视野，丰富知识，陶冶情操，从而提高你的文化底蕴和文化修养，让你在不知不觉中受到文化洗礼，谈吐也变得有内涵。当人们再次与你相遇时，就会发现一些他们以前从未发现的东西，感受到你知识的"渊博"和谈吐的"有品位"。

具体来讲，应该从以下几个方面多下功夫：

（1）紧跟时尚，把握时代的脉搏。

穿着时尚的总能给人美感，而如果一个人穿着时尚，嘴里说的却是20世纪的词语和话题，那就只能被人称为"土老帽"了。所以，不仅要在服装上做时尚的代言人，也要让自己的知识随时更新，紧紧跟随着时代发展的脉搏。

（2）多看新闻。

爱看新闻的似乎以男性居多，但其实女性也不能脱离那些看似跟自己没有关系的政治大事。你不能成为一个"一心只知家里事，两耳不闻窗外事"的人；除非你不说话，否则你一开口别人就会发现你的肤浅。

（3）关注生活，加强经验积累。

很多人在和别人谈话的时候，别人都不爱听，那是因为他缺乏生活经验的积累，说的都是一些不着边际的话。所以，要想有好口才，多增加生活经验积累显然也很重要。知识、情感、生活等都能丰富一个人的内心，这些养分是源泉，透过一根根血脉、一条条经络浸润和提升你的品位及内涵。

有意识地培养自律精神

一个人最大的敌人，不是别人，而是自己。是对自己的纵容，纵容自己就是毁灭自己。成功者之所以成功，就是因为他们总是不断反省，严于律己。

——哈佛箴言

在这纷扰的社会中，我们不可能事事都一帆风顺，不可能要每个人都对我们笑脸相迎。有时候，我们会受到他人的误解，甚至嘲笑或轻蔑。这时，如果我们不善于控制自己的情绪，就会造成人际关系的不和谐，对自己的生活和工作都将带来很大的影响。所以，当我们遇到意外的沟通情景时，就要学会控制自己的情绪，轻易发怒只会造成负面效果。

善于自我控制，善于克制自己的感情，约束自己的言语，控制自己的行为，心理学上称有"自制性"或"自制力"，这是意志品质的一个方面。哈佛的心理学家指出：能够控制自己的人无疑是成功的人，不能很好地控制环境的人，往往要受到他人情绪或行为的影响，让他们的生活中时而充满快乐或悲伤，一会儿高兴一会儿烦恼。而真正强大的人是不会依赖于外部世界的，他不会把自己的喜悲都表现在自己脸上，不会把内心的平静抛售给繁杂的世事，不会让爱与哀愁左右自己的情感、态度、语言和睡眠，保持身心的和谐与放松，他是自己的主人，他对自己负责，也能够负责。

人们常常不能正确认识事情的实质，即便在冷静的时候，观察人或者事，都很难得到客观的答案；如果又受到偏执情绪的干扰，那就可能出现很大的判断失误了。很多人都会在混乱的情绪下做了错误的判断。

张伯苓是著名教育家，曾长期担任南开大学校长。他责己严格，对学生的要求也是毫不放松。一次上"修身课"的时候，他看到一位学生的手指被烟熏得焦黄，便指责他说："你看，吸烟把手指熏得那么黄，吸烟对青年人身体有害，你应该戒掉它！"但令他没想到的是，那这位学生反驳道："您不是也吸烟吗？为什么说我呢？"张伯苓被问得说不出话来，憋了一会儿，就把自己的烟一撅两段，坚定地说："我不抽，你也别抽！"

下课以后，他又请工友将自己所有的雪茄烟全部拿出来，当众销毁，工友非常惋惜，舍不得下手。张伯苓说："不如此不能表示我的决心，从今以后，我跟同学们一起戒烟。"从那次以后，张伯苓就再也没有抽过烟。

控制自己不是一件容易的事情，因为我们每个人心中都存在理智与感情的斗争。"做自己喜欢做的事"，不顾一切地想要达到自己的目的，这并不真正是对人生和自由的追求。你应该有战胜自己的感情、控制自己命运的能力。一个人如果任凭感情支配自己的语言、行动，那就使自己变成了感情的奴隶。不能自我控制，往往会使自己做出一些错误的举动。

富兰克林是18世纪美国著名的政治家。在工作期间，他和沃茨印刷厂的管理员发生了一场误会。这场误会导致了他们两人之间彼此憎恨，甚至演变成激烈的敌对状态。这位管理员为了表现出他对富兰克林一个人在排版间工作的不满，就把房里的蜡烛全部都收了起来。这种情形一连发生了几次，最后当富兰克林到库房里排版一篇预备在第二天晚上发表的稿子，已经在排版桌前坐好时，却无论怎样都找不到蜡烛。

富兰克林气得立刻跳了起来，他奔向地下室，将管理员痛骂了一顿。岂料管理员转过头来以一种充满镇静与自制的柔和声调说："呀，今天你显得有些激动，不是吗？"

管理员的话就像一把锐利的短剑，一下子刺进富兰克林的身体。富兰克林赶紧逃离了库房。

当富兰克林回去把整件事情反省了一遍后，他立即看出了自己的错误。坦率地说，他很不愿意采取行动来改正自己的错误。然而，富兰克林知道，他必须为自己刚才的行为向那个人道歉，内心才能平静。最后，他费了很长时间才下定决心，走到地下室，把那位管理员叫到门边："我是回来为我的行为道歉的——如果你愿意接受的话。"管理员听后，脸上立即露出了微笑，他说："凭着上帝的爱心，你用不着向我道歉，除了这四堵墙壁，以及你和我之外，并没有人听见你刚才所说的话。因此，不如让我们把这件事情忘了吧！"

在富兰克林的一生中，这件事情成为最重要的一个转折点。富兰克林说："这件事教育我，一个人除非先控制自己，否则他将无法控制其他因素。"这也使我们明白了这句话的真正意义："上帝要毁灭一个人，必先使他疯狂。"

自我控制，的确是一种智慧。一个能很好地控制自己的人，可以支配自己的激情，支配自己的命运。而一个人想要很好地自我控制，极其重要的一点就是不能放纵自己的欲望，如果为了寻求眼下的满足，而以牺牲未来为代价的话，那么这种代价所导致的损失将是你终身都无法弥补的。所以，及时地自我控制是非常重要的。

从另外一个方面来看，一个成功的人在与他人交往的过程中，总是习惯性地运用求同存异的智慧，而能够自如地运用求同存异的智慧的人，肯定是一个有高度自我控制能力的人。

自我控制，就是能合理地控制自己的情绪、行为、语言，就是不排斥他人不同的观点、意见、习性等，要做到自我控制，关键的一点就是要多思考、多包涵，充分运用求同存异的交际艺术，妥善地处理自己与他人的关系，从而获得人生最大的快乐。在与别人交往、相处的过程中，你要时刻记住"求同存异"的概念，尊重每一个人的独特性；如果你不允许别人与你不同，拒绝与他人在交往时求同存异，那么最终你只会把自己孤立起来。

在平时的生活中，时时提醒自己要有意识地培养自律精神。比如，针对你自身性格上的某一缺点或不良习惯，限定一个时间期限，集中纠正，这样会取得较好的效果。千万不要纵容自己，也不要给自己找借口。对自己严格一点儿，时间长了，自律便成为一种习惯，一种生活方式，你的人格和智慧也随之臻于完美。

爱你的敌人并不吃亏

能当众拥抱敌人的人，他的成就往往比不能爱敌人的人高出许多。

——哈佛箴言

"爱"是友好的表示，爱亲人，爱朋友，爱恋人，这都是内心情感需要，是人的本能。这样看来，"爱你的敌人"却是令人费解的事……

体育竞技场是最能体现这种特殊的情感的地方。随着比赛哨声的吹响，拳击台上走来两位选手。他们两位称得上势均力敌。走在前面的那位叫阿森，笑容满面，礼貌地向全场观众挥手致意。后面那位叫约翰，显然他还没有消除对阿森的敌意，因为上一场比赛阿森让他出尽了丑。约翰一上场就虎视眈眈地瞪着阿森，对全场热情的观众不理不睬甚至连比赛的礼仪——双方握手拥抱也粗暴地拒绝，就那样瞪着血红的眼睛，看着阿森，等着裁判的哨声响起。对于约翰的无礼，阿森显得比较宽容，耸耸肩，一笑了之。

比赛一开始，约翰就以夺命招来攻击阿森，企图先声夺人，制对手于死地。不但阿森心里明白，连全场观众也知道约翰这是在报仇，是在发泄，而不是在进行高质量、高水平的比赛。于是所有的目光都聚集在阿森身上，所有人都为阿森捏了一把汗。

终于，比赛以阿森胜利而告终，这是众望所归的结果。如果我们说这场比赛的胜负取决于两人的态度和心态，似乎有些武断，甚至是牵强附会。但不可否认，在这场势均力敌的比赛中，良好的心态绝对是阿森取胜的重要因素。

无论如何，爱你的敌人并不吃亏。此话怎讲？

选择爱自己敌人的人就选择站在主动的地位，采取主动的人是"制人而不受制于人"。你采取主动，不只迷惑了对方，使对方搞不清你对他的态度，也迷惑了第三者，搞不清楚你和对方到底是敌是友，甚至还误认为你们已"化敌为友"；然而，是敌是友，只有你心里才明白，可你的主动已经使对方处于"接招""应战"的被动态势，如果对方不能"爱"你，那么他将得到一个"没有器量"的评语。一经比较，二人的分量立即有了轻重。所以当众拥抱你的敌人，除了可在某种程度内降低对方对你的敌意之外，也可避免你与对方的敌意恶化。换句话说，为敌为友之间，留下条灰色地带，免得敌意鲜明，反而阻挡了自己的去路与退路。地球是圆的，天涯何处不相逢。

此外，你的行为也将使对方失去攻击你的立场。若他不理你的"拥抱"而依旧攻击你，那么必将招致他人的谴责。

罗纳先生住在瑞典的乌普萨拉。他在维也纳当了很多年律师，但是在第二次世界大战期间，他逃到瑞典。他在瑞典没有名气，很需要找份工作。因为他能说并能写好几国的语言文字，所以希望能够在一家进出口公司里找一份秘书工作。绝大多数的公司都回信告诉他，因为正在打仗，他们不需要这类人，不过他们会把他的名字存在档案里。还有一家公司在写给罗纳的信上说："你对我生意的了解完全错误。你既错又笨，我根本不需要任何替我写信的秘书。即使我需要，也不会请你，因为你连瑞典文也写不好，信里全是错字。"

当罗纳看到这封信的时候，简直气得发疯。于是罗纳也写了一封信，想要使那个人大发脾气。但接着他就停下来对自己说："等一等，我怎么知道这个人说的是不是对的？我学过瑞典文，可是这并不是我家乡的语言，也许我确实犯了很多我并不知道的错误。如果是那样的话，那么我想要得到一份工作就必须再努力的学习。这个人可能帮了我一个大忙，虽然他本意并非如此。他用这种难听的话来表达他的意见，并不表示我就不亏欠他，所以应该写封信给他，在信上感谢他一番。"

罗纳撕掉了他刚刚已经写好的那封骂人的信，另外写了一封信说："你这样不嫌麻烦地写信给我实在是太好了，尤其是你并不需要一个替你写信的秘书。对于我把贵公司业务弄错的事我觉得非常抱歉，我之所以写信给你，是因为我向别人打听，而别人把你介绍给我，说你是这一行的领导人物。我并不知道我的信上有很多语法上的错误，我觉得很惭愧，也很难过。我现在打算更努力地去学习瑞典文，以改正我的错误，谢谢你帮助我走上改进之路。"

过了几天，罗纳就收到了那个人的信，请罗纳去看他。罗纳最后因此得到了一份工作。

德国人有一句谚语，大意是这样的："最纯粹的快乐是我们从那些我们的羡慕者的不幸中所得到的那种恶意的快乐。"或者换句话说："最纯粹的快乐是我们从别人的麻烦中所得到的快乐。"

哈佛大学指出：你的一些朋友，从你的麻烦中得到的快乐，极可能比从你的胜利中得到的快乐大得多。而"爱你的敌人"这个行为一旦做出来，久了会成为习惯，让你和人相处时，能容天下人、天下物、出入无碍，进退自如。这正是成就大事业的本钱。

可以豪气干云，但绝不能傲气半分

也许你已经拥有广博的知识、高超的技能、卓越的智慧，但没有谦虚镶边的话，你永远不可能取得灿烂夺目的成就。

——哈佛箴言

老子曾用"水"来阐释处事的哲学："上善若水，水善利万物而不争。"意思是说，最高境界的善行就像水的品质一样，泽被万物而不争名利。水总是往下流，处在众人最厌恶的地方，注入最卑微之处，站在卑下的地方去支持一切。它与天道一样恩泽万物，所以水没有形状，在圆形的器皿中，它是圆形；放入方形的容器，则是方形。它可以是液体，也可以是气体、固体。这正是我们必须学习的"谦逊"。

《菜根谭》中有句话说："欹器以满覆。"简单地说，也是告诫人不可太自满，所谓"谦受益，满招损"就是这个道理。《易经》亦云："人道恶盈而好谦。"你可以豪气干云，但绝不能有傲气半分，纵然有超人的才识，也要虚怀若谷。

只有保持谦逊，别人才会喜欢你，你们才可能有相互学习的机会。因为谦逊使我们相互之间敞开心扉，并使我们能够从他人的角度看待事物；只有保持谦逊，我们才可能坦诚地与他人交换意见；只有保持谦逊，我们才可能避免犯下傲慢与褊狭的错误。

另外，谦逊永远是一个人建功立业的前提和基础。不论你从事何种职业，担任什么职务，只有谦虚谨慎，保持不断进取的精神，才能增长更多的知识和才干。因为谦虚谨慎的品格能够帮助你认识到自己的差距，让你永不自满、不断前进；也可以让你冷静地倾听他人的意见和批评，谨慎从事。

肖恩是一个刚刚毕业的大学生，他不但相貌英俊，而且热情开朗。他决定找一份与人交往的工作，以发挥自己的长处。很快，他就得到一个好机会——一家五星级宾馆正在招聘前台工作人员。

肖恩决定去试试，于是第二天他就去了那家宾馆。主持面试的经理接待了他。看得出来，经理对肖恩俊朗的外表和富有感染力的热情相当满意。他拿定主意，只要肖恩符合这项工作的几个关键指标的要求，他就留下这个小伙子。

面试最后，经理问道："我们宾馆经常接待外宾，所有前台人员必须会说四国语言，这一指标你能达到吗？"

"我大学学的是外语，精通法语、德语、日语和阿拉伯语。我的外语成绩是相当优秀的，有时我提出的问题，教授们都支支吾吾答不上来。"肖恩回答道。事实上，肖恩的外语成绩并不突出，他是为了获取经理的信赖，自己标榜自己。但肖恩不知道，在他提交自己的求职简历时，公司已经收集了有关的详细信息，其中当然也包括肖恩的大学成绩单。

听了肖恩的回答，经理笑了一下，但显然不是赏识的笑容。接着他又问道："做一名合格的前台人员，需要多方面的知识和能力，你……"经理的话还没说完，肖恩就抢先说："我想这不是问题。我的接受能力和反应能力在我所认识的人中是最快的，做前台绝对会很出色的。"

听完他的回答，经理站了起来，并且严肃地对他说："对你今天的表现，我感到很遗憾，因为你没能实事求是地说明自己的能力。你的外语成绩并不优秀，平均成绩只有70分，而且法语还连续两个学期不及格；你的反应能力也很平庸，几次班上的活动你都险些出丑。年轻人，在你想要夸夸其谈时，最好给自己一个警告。因为每夸夸其谈一次，诚实和谦逊都要被减去十分。"

在我们的生活中，像肖恩这样的人并不少见。很多人只知吹嘘自己曾经取得的辉煌，夸耀自己的能力学识，以为这样可以博得别人的好感和赞扬，赢得别人的信任。但事实上，他们越吹嘘自己，就越会被人讨厌；越夸耀自己的能力，就越受人怀疑。

谦逊基于力量，高傲基于无能。夸耀自己和自我表扬并不会为我们赢得好的机会，只会断送我们的前程。因为一个喜欢标榜自己的人往往会失去朋友，没有人喜欢和一个爱自我表扬的人在一起。失去别人的信任，别人不但对你的能力产生怀疑，更严重的是，你的品德和灵魂也会遭人批评。无疑，一个没有好人缘、不可信的人是永远难与成功邂逅的。

请记住这样一句格言："伟人多谦逊，小人多骄傲；太阳穿一件朴素的光衣，白云却披了灿烂的裙裾。"

第四课

社交的首要条件——你喜欢我吗？

哈佛认为，社交的首要条件并不是"我"喜欢什么样的朋友，而要先考虑自己是否让人喜欢、受人欢迎。

礼貌，是你最好的推荐信

有礼貌，可极大地提高人的声誉，让你就像拥有了权威推荐信一样。

——哈佛箴言

哈佛大学指出，礼仪是做人行事、待人接物的规矩。不懂礼就是无礼。它不是一些简单的形式，而是道德的体现，道德的落实。一个人的道德品质如何，通过他的行为仪表表现出来。不懂礼、言谈举止粗鲁，就是不文明的表现，更是缺乏教养的表现。

小王是一家机械公司的推销员，他的业务能力很强，跟客户的互动也很好，可就是有一个开关门不太礼貌的毛病。一天，他去拜访一位很重要的客户。进门时他没有太注意，就随手将门重重地关上了。

接待人员将他带领到会客室中，他心里还在想如何实施自己的推销计划。可是经理的一句话，让他无地自容。

经理说："小王啊，你关门那么用力，我们公司的门都要被你弄坏了，你是不是对我们公司有什么意见啊？"

从开门关门动作的轻重可以看出一个人的修养、内涵和水平来，也反映了一个人的精神面貌，更重要的是，它直接影响到对方对自己的印象好坏，所以要格外注意。

言行举止上的细节是一个人素质和修养的表现，粗俗的言谈举止势必引起旁人的反感和抗议，让人敬而远之。有时候，一个很小的动作或礼貌习惯都有可能影响到办事的结果。所以，在办事的过程中一定要注意礼貌待人，才不至于因小失大。行为礼貌是必需的，它是你办事成功的前提之一。

　　张新艺去参加一个外企的面试，主试者是韩国人。看着前面五十几个人的队伍，她的心情有点紧张，手心里全是汗水。张新艺想一定要调整好自己的情绪。于是她深吸一口气让自己平静下来。想着书上讲韩国人都比较注重礼貌和礼仪，所以一会儿一定要表现出自己最好的一面。

　　看到一个个应试者陆续地走进应试办公室，张新艺突然发现一个新的细节，那就是他们都极少敲门而入，这应该是一个突破点。一定要引起面试者对自己的注意，才会给其留下好的印象。

　　轮到张新艺进入时，她深吸了一口气，走到应试办公室前轻轻地敲了三下门，只听里面传来了轻微的交流声。张新艺知道她应该是在未露面前就有了一个好的开始，所以信心更加足了。

　　"进来。"主试者是两个文质彬彬的韩国人，他们很有礼貌地站起来鞠了一个90度的躬，用不太流利的中国话说了句"你好"。张新艺也鞠了个90度的躬说了句"你们好"。接下来面试官问了一些问题，她都从容地一一做了回答。

　　不出所料，最后在五十几个应聘者中有14名被录取，张新艺就是其中一个。

　　面试时注重礼仪举止会给你的形象加分，给面试官留下一个良好的印象。
　　参加面试，还要注重以下几个小细节。
　　一定要守时，千万别迟到。守时是职业道德的一个基本要求，在面试时迟到或是匆匆忙忙赶到是致命的。如果你面试迟到，那么不管你有什么理由，也会被视为缺乏自我管理和约束能力，会给面试者留下非常不好的印象。

到达面试地点后应在等候室耐心等候，并保持安静及得体的坐姿。不要四处张望，不要驻足观看其他工作人员的工作。手机静音，避免面试时造成尴尬局面。

应聘者在面试前应保持头发干净、口气清新，面试前不妨先嚼一下口香糖，减少异味。在着装上应该尽量与公司文化相符合。

面试进行时，谈话要与考官有恰当的眼神接触，给主考官诚恳、认真的印象。不太明白主考人的问题时，应礼貌地请他重复。陈述自己的长处时，要诚实而不夸张，要视所申请职位的要求，充分表现自己有关的能力和才干。不懂得回答的问题，不妨坦白承认，若被主考人揭穿反而会弄巧成拙。

《易经》说："相鼠有皮，人而无礼，人而无礼，不死胡为!" 礼貌待人，这个道理许多人都很清楚，也很明白，我们也时常这样来要求别人，可自己做起来却并不一定就完美、轻松。有些人把日常生活中不文明的举止行为当作小事，不加以注意。其实，文明举止恰恰是从一些细节体现出来的。一些小事反映了一个人的素质和修养。

适当吃点小亏，你将是最终的受益者

倘若人们强求世上任何事物都公平合理，那么所有生物连一天都无法生存。有时真正肯吃亏的人往往都是最终的受益者。

——哈佛箴言

史学家范晔有一句名言："天下皆知取之为取，而不知与之为取。"没有无回报的付出，也没有无付出的回报。一般的情况下，付出越多，得到的回报越大,只想别人给予自己,而自己只等着接受,那么回报的源泉终将枯竭。

佛家人有言:"爱出者爱返,福往者福来。"人世间的绝大部分事情,都是给予了付出才有回报。

春秋战国时期,孟尝君求贤若渴。他待人真诚,感动了一个具真才实学而十分落魄的士人,这个人名叫冯谖。冯谖在受到孟尝君的礼遇后,决心为他效力。有一天,孟尝君想派人到他的封地薛邑讨债,问谁愿意去,结果没有人出来应答。

半晌,冯谖站了出来,说:"我愿去,但不知用催讨回来的钱买什么东西?"孟尝君说:"如果要买的话,就买点我们家缺少或没有的东西。"众人听后都为冯谖捏一把汗,因为世间稀罕之物,孟尝君应有尽有。

但是冯谖好像没有考虑那么多,马上领命而去。他到了薛邑后,见到老百姓的生活十分穷困,百姓听说孟尝君的讨债使者来了,都满腹怨言。于是,他召集了邑中居民,对大家说:"孟尝君知道大家生活困难,这次特意派我来告诉大家,以前的欠债一笔勾销,利息也不用偿还了。孟尝君叫我把债券也带来了,今天当着大伙的面,我把它烧毁,从今以后,再不催还!"说着,冯谖果真点起一把火,把债券都烧了。薛邑的百姓没有料到孟尝君如此仁义,个个感动得一把鼻涕两行泪,觉得这辈子没法回报孟尝君了。

冯谖说:"用不着大家回报,既然孟尝君连钱都不在乎,又想要大家回报什么呢?"后来冯谖回去复命,孟尝君问他:"你讨回来的钱呢?"冯谖回答说:"不但利钱没讨回,借债的债券也烧了。"孟尝君很不高兴,觉得冯谖没有经过自己的允许就擅自做主把债券烧了,实在是没有把自己放在眼里。

冯谖对他说:"您不是要叫我买家中缺少或没有的东西回来吗?我已经给您买回来了,这就是'义'。焚券市义,这对您收服民心是大有好处的啊！"

数年后，孟尝君被人谗构，齐相不保，只好回到自己的封地薛邑。薛邑的百姓听说恩公孟尝君回来了，倾城出动，夹道欢迎，表示坚决拥护他，跟着他走。孟尝君深受感动，这时才体会到冯谖"买义"的苦心。对孟尝君而言，小的损失换取了大的利益。

冯谖用那些根本难以收回的债券换回了民心，使得孟尝君不得不返回自己的封地时，大受拥戴，不得不说冯谖当初的行为是很高明的。

时至春秋末年，齐国的国君荒淫无道，横征暴敛，逼民无度。齐国的贵族田成子看到这种情况后，对他的僚属说："公室用这种榨取的手段，虽然得到了不少财富，但这种取是'取之犹舍也'。仓储虽实，但国家不固，终是'嫁衣'。"于是田成子制作了大、小两种斗，打开自己的仓储接待饥民，用大斗出借谷米，用小斗回收还来的谷米，以这样的方式来赈济灾民。

于是，不少齐国人不肯再为公室种田，反而投奔于田成子门下。田成子用这种大斗出小斗进的方式，借出的是粮食，收进的却是民心。虽然给予了粮食，实则得到了更多的东西。果然，齐国的国君宝座最后为田氏家族所得。那些粮仓的米为田家换得了天下，不可不谓是"大得"啊！

常言说"吃亏是福"，一辈子不吃亏的人是没有的。问题在于我们如何看待"吃亏"。哈佛专家说，人与人交往时，无法做到每个人都觉得公平，总是要有人承受不公平、要吃亏。倘若人们强求世上任何事物都公平合理，那么，所有生物连一天都无法生存。而真正肯吃亏的人，往往都是最终的受益者。

爱自己，别人才可能爱你

你要欣然接纳自己，你是骆驼就不要去唱苍鹰之歌，驼铃同样具有魅力。

——哈佛箴言

马克思很欣赏这样一句谚语："你之所以感到巨人高不可攀，只是因为你在跪着。"许多事情别人能做到，你经过努力也能做到，重要的是要对自己做出肯定的评价，这样才能充分发挥自己的优势。

现实生活中，某人因相貌平平而自卑畏缩、悲观厌世；某人因有过一次严重过失而悔恨不已，进而自轻自贱；某人因高考落榜而灰心丧气，否定自我；某人因身有残缺或曾有精神疾患而觉低人一等，进而自暴自弃……这样的事屡见不鲜。对于这样的人，我们要对其说：请抬起头来，接纳你自己，因为只有这样，你才能改变自己。

有一位年迈的富翁，他担心自己庞大的家产将来被娇纵的儿子败坏。于是，他说服独生子去寻找宝物，让其在艰苦的奋斗中增长自己的勇气和才干。

青年驾着大船远渡重洋，最后在一片热带雨林找到一种树木。这种树木高10余米，砍倒它，经过一年时间让其外皮朽烂，木心变黑，会散发无比的香气，而且放置水中会沉入水底。同行的人说这叫香木。青年说：这真是无比的宝物！他把香木运到市场出售，可是无人问津。

青年隔壁的摊位上有人在卖木炭，销量很大。开始的时候，青年意志坚定，不为所动。然而日子一天天过去，青年渐渐丧失了信心，于是他把香木烧成木炭，并且很快卖完了它们。青年颇为自己的灵活变通而沾沾自喜。

而年迈的富翁知道，这被烧成木炭的香木，正是世界上最宝贵的树木——沉香。一小块切下来的材料，价值就能超过一车的木炭。

我们生活在这个世界上，最容易随波逐流，最容易放弃自我、羡慕他人。人生在世，各有各的禀赋，各有各的珍奇之处，每个人都是大自然的杰作，每个人都有别人无可比拟的长处。但是我们往往缺乏耐心，信不过自己，把到手的沉香当作木炭一般贱卖了，这是多么惨痛的事实！

其实，人的一切彷徨与痛苦都是因为不接纳自己，一切的空虚和烦恼也是因为无法肯定自己。当一个人被外界的名利和虚荣所诱惑的时候，就会迷失自我，会被挫折和荣誉激怒，被物欲挫败。人最忌讳的是不能认清自己，盲目地拿自己和别人比较，否定了自己，获得的却是无尽烦恼。

社交专家说："要像爱自己一样爱周围的人。"可是，大多数人还没有意识到自爱的重要性。只有爱自己才能更好地爱别人，只有容纳自己才能容纳这个世界。承认自己平凡是一种大智大勇。生活中，很多貌不惊人的人做出了惊人的成绩，而聪明伶俐的人却成绩平平，就是因为这个道理。

上帝并不偏爱任何一个人，每个人都有优点和弱点，但有人发现自己的弱点和缺陷后，就当作包袱背起来，老是挂在心上，连自己的优点和长处也看不到了。于是精神优势就被缺点、弱点压垮，而自己的聪明才智、潜在能力却无从发挥。

每一种花都是独一无二的，每个人也是一样，无论自己现状怎样，都应该坦然地接纳自己，然后再思变。这样才能绽放出独特的芳香。每个人都是自己的花朵，妒忌和羡慕别人是愚蠢的，虽然你也有缺陷，但你绝对有足够的潜力去生活得更好。

在《庄子·大宗师》里有这样一则故事：子祀和子舆是好朋友。有一天，子舆生病，子祀去探望他。见面时，子舆竟对子祀说："伟大的造物者啊，竟把我变成驼背模样。背上生了五个疮口，而脸因佝偻而低伏到肚脐，两肩隆起，高过头顶，脖颈骨则朝天突起。"子祀问他是不是讨厌这种病，子舆悠闲地说："不，我为什么要讨厌它呢？假使我的左臂变成一只鸡，我便用它在夜里报晓；假使我的右臂变成弹弓，便用它去打斑鸠来烤了吃；假使我的尾椎骨变成车轮，我的精神变成了马，我便可以乘着它遨游，无须另备马车了。再说吧，得是时机，失是顺应，安于时机而顺应变化，哀乐自然不能侵入心中。这就是自古以来的解脱。那些不能自我解脱的人，就要被外物所奴役束缚了。物不能胜天，这是不易的法则，当我改变不了它的时候，我为什么要讨厌它呢？"

庄子讲的这个故事道出了生活的智慧。人必须接纳自己，服从自己的本质好好地生活，不盲目地羡慕和比较，光明和成功的一面不就展现在眼前了吗？对自己的生命，乃至对一切有情众生接纳和欣赏，就会倍加珍惜生命，就能拥有愉快的心境了。

哈佛大学有这样一句话："你要欣然接纳自己，你是骆驼就不要去唱苍鹰之歌，驼铃同样具有魅力。"是呀，接纳自己，你也有值得欣赏的地方。如果你觉得自己拥有的只是缺点，那是因为你没有真正认识你自己，请用另一种眼光看自己，为自己"提价"，就会多发现一个"原来如此"。

先爱你自己，别人才爱你。一个看不起自己的人还有谁会重视你？自尊是获得别人尊重的基础，自信是赢得别人信任的根本。所以你要学会接纳自己。

学会宽容，赠人玫瑰手有余香

如果我们将思想转向帮助旁人，或许我们可以找回平静心境和快乐。但我们太热衷于自己了，所以我们不快乐。

——哈佛箴言

英国作家乔治·艾略特说："如果我们想要更多的玫瑰花，就必须种植更多的玫瑰树。"生活本来就没有不平凡的含义，而在于你如何看待它、如何对待它。理智而达观的人对别人不会期许太多，因为他们明白：你如何对待别人，别人也会如何对待你，要走进别人的心灵，自己就要首先敞开胸怀。

两个钓鱼高手一起到鱼塘垂钓。

这二人各凭本事，一展身手。隔了没多久的工夫，皆大有收获。

忽然间，鱼塘附近来了十多名游客，他们看到这两位高手轻轻松松就把鱼钓上来，十分羡慕，于是就到附近去买了一些钓竿也来钓鱼。

没想到，这些不擅此道的游客怎么钓都是毫无成果。

话说那两位钓鱼高手的个性相当不同。其中一人孤僻而不爱搭理别人，享受独钓之乐；而另一位高手却是个热心、豪放、爱交朋友的人。

爱交朋友的这位高手看到游客钓不到鱼，就说："这样吧！我来教你们钓鱼，如果你们学会了我传授的诀窍钓到了鱼，每十尾就分给我一尾。不满十尾就不必给我。"

双方一拍即合，都很同意。

教完这一群人，他又到另一群人中传授钓鱼技巧，依然要求每钓十尾回馈给他一尾。

一天下来,这位热心助人的钓鱼高手把所有时间都用于指导垂钓者身上,获得的竟是满满一大箩鱼,还认识了一大群新朋友,同时,这些垂钓者左一声"老师",右一声"老师"地叫着,他备受尊崇。

而同来的另一位钓鱼高手却没有享受到这种服务人们的乐趣。当大家围绕着他的同伴学钓鱼时,他就更显得孤单落寞。闷钓一整天,检视竹篓里的鱼,收获远没有同伴的多。

在生活中,我们都希望得到别人的支持和理解,更希望得到别人的关心。我们帮助别人也等于帮助自己,古语有云:"己欲利,先利人;己欲达,先达人。"我们都处于一个大集体中,每个人都不可能孤立地存在着,有时候,我们也需要别人的帮助,而在这个时候站出来帮我们的往往就是那些我们曾经帮过的人。

因此,不要吝啬,不要小气,多帮助别人。一声问候、一个鼓励的眼神、一句赞美的话等,都会给他人带来快乐,也会给你带来意想不到的收获。

一位行善的基督徒,临终后想看看天堂和地狱究竟有什么差别。于是他请求天使在把他带到天堂之前,先带他去地狱看看。

天使答应了他的请求,把他带到地狱。在地狱里,他看见一桌丰盛的晚餐,鸡、鸭、鱼肉应有尽有。他很惊讶地问天使:"地狱的生活也不错嘛,难道生前作恶的人也不用受苦吗?"天使冲他微微一笑,说:"上帝是爱我们的,他不会主动惩罚每一个人。人们之所以受到惩罚,都是他们自己的过错。"基督徒还是不太理解。

这时,地狱的晚餐开始了。只见一群骨瘦如柴的饿鬼疯抢着坐到座位上,他们每个人都拿着一双十几尺长的筷子,都在努力试着用这双长筷子夹到美味的食物，但是筷子实在太长了，无论他们怎么努力，也无法把夹到的食物放到自己的嘴里。

基督徒看着他们，好像明白了什么。这时天使对他说："你看，他们每个人都夹得到食物，却吃不到，你不觉得可惜吗？我再带你去天堂看看吧。"

于是基督徒跟随天使来到天堂。在天堂里他同样看到一桌丰盛的晚餐，每道菜都和地狱里的一模一样。每个人用的筷子也和地狱里的一样，所不同的是，他们每个人都把夹到的食物喂给别人吃，而自己也不断地品尝到别人喂过来的食物。所以他们每个人吃得都很愉快。

天使说："这就是天堂与地狱的区别：你不愿意帮助别人，你就生活在地狱里；你助人为乐，你就生活在天堂里。

这是一个短小的故事，给我们的启示却很大：在我们的生活中，总会有地方需要别人的帮助。同样，我们身边的人也需要我们的帮助。只有互相帮助，我们才能生活得更美好、更快乐。

随着年龄的增长，我们逐渐明白了许多做人的道理，随之也就形成了自己的做人原则。我们要乐于助人，特别是当别人急需帮助时，一定要尽力去帮助人家。当你帮助了一个急需帮助的人，为他解决了困难，你会从他满足的目光中得到无限的愉悦，而这种享受正是无比美好和幸福的。

在日常生活中，难免会发生这样的事：亲密无间的朋友，无意或有意做了伤害你的事，你是宽容他，还是从此分道扬镳，或者伺机报复？有句话叫"以牙还牙"，分手或报复似乎更符合人的本能心理。但这样做了，怨会越结越深，仇会越积越多。如果你有了切肤之痛后，采取别人难以想象的态度，宽容对方，表现出别人难以达到的襟怀，你的形象瞬时就会高大起来。你的宽宏大量、光明磊落使你的精神达到了一个新的境界，你的人格也会折射出高尚的光彩。

少说 "我"，多说 "我们"

人们最感兴趣的就是谈论自己的事情，而对于那些与自己毫不相关的事情，很多人都会觉得索然无味；只有你自己有浓厚兴趣的事情，不仅很难引起别人的兴趣，而且还令人觉得好笑。

——哈佛箴言

哈佛大学创办的一份杂志上曾登过一篇 "一剂促成良好人际关系的药方" 的文章，其中有几点值得借鉴——

语言中最重要的5个字是："我以你为荣!"

语言中最重要的4个字是："您怎么看?"

语言中最重要的3个字是："麻烦您!"

语言中最重要的2个字是："谢谢!"

语言中最重要的1个字是："你!"

语言中最次要的1个字是："我。"

亨利·福特二世描述令人厌烦的行为时说："一个满嘴 '我' 的人，一个独占 '我' 字、随时随地说 '我' 的人，是一个不受欢迎的人。"

小董是某大型超市的电器销售人员，主要负责音响设备的销售。

这天中午，来了一位30岁左右的年轻女士，她怒气冲冲地吼道："你卖的是什么破玩意，我上个月刚买的一套8000左右的音响，没听几次声音就哑了，什么也听不了，你说这个事情怎么处理?"

小董立刻意识到产品的质量出了问题，于是他微笑着说："事实上我们都是受害者，作为产品的销售员，我不可能把有问题的产品卖给您，您先别着急，把音响拿来，并带上相关的单据，我们与生产厂家协调一下。"

这位女士听后，不再发脾气了，立即回去取音响。最后在小董的帮助下，这位女士换了一套新的音响。

在人际交往中，"我"字讲得太多并过分强调，会给人留下突出自我、标榜自我的印象，这会在对方与你之间筑起一道防线，形成障碍，影响别人对你的认同。

因此，在语言交流中，请避开"我"字，用"我们"开头。

美国著名公司柯达的创始人伊斯曼，捐赠巨款在罗彻斯特建造一座音乐堂、一座纪念馆和一座戏院。为承接这批建筑物内的座椅订单，许多制造商展开了激烈的竞争。但是，找伊斯曼谈生意的商人无不乘兴而来，败兴而归，一无所获。正是在这样的背景下，"优美座位公司"的经理亚当森，前来会见伊斯曼，希望能够得到这笔价值9万美元的生意。

伊斯曼的秘书在引见亚当森前，就对亚当森说："我知道您急于得到这批订单，但我现在可以告诉您，如果您占用了伊斯曼先生5分钟以上的时间，您就完了。他是一个很严厉的大忙人，所以您进去后要快快地讲。"亚当森微笑着点头称是。

亚当森被引进伊斯曼的办公室后，看见伊斯曼正埋头于桌上的一堆文件，于是静静地站在那里仔细地打量起这间办公室来。

过了一会儿，伊斯曼抬起头来，发现了亚当森，便问道："先生有何见教？"

秘书把亚当森作了简单的介绍后，便退了出去。这时，亚当森没有谈生意，而是说："伊斯曼先生，在我等您的时候，我仔细地观察了您这间办公室。我本人长期从事室内的木工装修，但从来没见过装修得这么精致的办公室。"

伊斯曼回答说："哎呀！您提醒了我差不多忘记了的事情。这间办公室是我亲自设计的，当初刚建好的时候，我喜欢极了。但是后来一忙，一连几个星期我都没有机会仔细欣赏一下这个房间。"

亚当森走到墙边，用手在木板上一擦，说："我想这是英国橡木，是不是？意大利的橡木质地不是这样的。"

"是的，"伊斯曼高兴地站起身来回答说，"那是从英国进口的橡木，是一位专门研究室内橡木的朋友专程去英国为我订的货。"

伊斯曼心情极好，便带着亚当森仔细地参观起办公室来了。

他把办公室内所有的装饰一件件向亚当森作介绍，从木质谈到比例，又从比例谈到颜色，从手艺谈到价格，然后又详细介绍了他设计的经过。

此时，亚当森微笑着聆听，饶有兴致。他看到伊斯曼谈兴正浓，便好奇地询问起他的经历。伊斯曼便向他讲述了自己苦难的青少年时代的生活，母子俩在贫困中挣扎的情景，自己发明柯达相机的经过，以及自己打算为社会所做的巨额的捐赠……亚当森由衷地赞扬他的功德心。

本来秘书警告过亚当森，谈话不要超过5分钟。结果，亚当森和伊斯曼谈了一个小时，又一个小时，一直谈到中午。

最后伊斯曼对亚当森说："上次我在日本买了几张椅子，放在我家的走廊里，由于日晒，都脱了漆。昨天我上街买了油漆，打算自己把它们重新油好。您有兴趣看看我的油漆表演吗？好了，到我家里和我一起吃午饭，再看看我的手艺，如何？"

午饭以后，伊斯曼便动手，把椅子一一漆好，并深感自豪。直到亚当森告别的时候，两人都未谈及生意。

最后，亚当森不但得到了大批的订单，而且和伊斯曼结下了终身的友谊。

为什么伊斯曼把这笔大生意给了亚当森,而没给别人?这与亚当森的口才很有关系。如果他一进办公室就谈生意,十有八九要被赶出来。亚当森成功的诀窍,就在于他了解攻心对象。他从伊斯曼的办公室入手,巧妙地赞扬了伊斯曼的成就,谈得更多的是伊斯曼的得意之事,这样,就使伊斯曼的自尊心得到了极大的满足,从而视他为知己。这笔生意当然归亚当森了。

竭力忘记你自己,不要总是谈你个人的事情,明白了人人都喜欢自己最熟知的事情,那么,在交际上你就可以尽量去引导别人说他自己的事情,这是使对方高兴最好的方法。你以充满同情和热诚的心去听他叙述,一定会给对方留下最佳的印象,而对方会热情地欢迎你、接待你。

如果你在说话中,不管听者的情绪或反应如何,只是一个劲地提到我如何如何,那么必然会引起对方的反感。如果改变一下,把"我的"改为"我们的",这对你并不会有任何损失,只会获得对方的好感,使你同别人的友谊进一步地加深。

我们经常看到记者这样采访"请问我们这项工作……"或者"请问我们厂……"演讲者使用"我们是否应该这样""让我们……"等表达方式。这样说话能使你觉得和对方的距离接近,听来和缓亲切。因为"我们"这个词,就是要表达"你也参与其中"的意思,会令对方心中产生一种参与意识。

比如说"你们必须深入了解这个问题",便拉开了听众与演讲者的距离,使听众无法与你产生共鸣。如果改为"我们最好再做更深一层的讨论"就会缩短与听众之间的距离,使气氛立刻活跃起来。

称赞他人的每个进步

人性的弱点之一就是喜欢别人的赞美。赞美他人时，应注意场合、尺度、对象，要恰到好处，同时要真诚。

——哈佛箴言

美国心理学之父、哈佛大学教授威廉·詹姆斯说："人性中最本质的渴望，是得到别人的赞赏。"每个人的心灵深处都有一种被欣赏的渴望，赞美能带来满意愉快的情绪体验，而欣赏与被欣赏则是一种互动的力量之源。

赞美是对一个人的工作、能力、才干及其他积极因素的肯定。通过他人的赞美，人们才能了解自己的行为活动的最后结果。赞美是一个人对另一个人的行为最直接的反馈，这种反馈如果及时、适度，就可以让被赞美的人心情愉悦，同时对赞美他的人心怀感激，产生信任。所以，那些要经常出席各种社交场合的人士，都应该学会赞美他人的本事。

哈佛大学的心理课上，曾经以运用赞美他人的形式来调和人与人之间的关系。他们设计了一项实验，让五六名学员一组彼此面对面地赞美对方，虽然每一个人所讲述的内容并没有限制，但专家要求他们必须真诚、由衷地赞美对方。

当学员们持续地进行赞美活动时，很快就能发现如此实验的真正意义。学员们诚实和真诚的感谢及各种发自内心的赞美，使每个人都感到自己的重要，从而增强了生活的勇气。

实验的结果每个人都不同，然而在课程的鼓励气氛下，无人表现不佳。心理学教授由此得出结论：生活是需要赞美的，尽管人人都有缺点，但适当的赞美是对人的鼓励和鞭策。同时，这些赞美词还可以增强人们的自尊和信心。

其实，在各种交际场合中的每个人，不管是优秀的还是一般的，是领导还是职员，当他被称赞时，便得到了一种动力，一种肯定，这能固化他的自信心，激活他的创造性，是促进其进一步提高和发展的强心剂。

詹姆斯曾经说过："与我们本来应有的成就相比，我们不过是半醒着。广义地说，人类的个体就这样地生活着，远在他应有的极限之内；他有着各种力量，从未被利用过。是的，我们从未被利用过的各种力量中，其中之一就是'称赞他人的每个进步'，发掘他人可能潜在的神奇能力。我自知在这方面做得还很不够，因此需要时时提醒自己，加倍努力。"

琼斯是芝加哥的大富翁，同时也是一位热情的慈善家，他把大量的时间和金钱都奉献给了心脏病的研究，这也是他最热心的一桩公益事业。

一次，美国国会参议院的一个委员会，正在就建立全国心脏病基金会的可能性进行调查，他们邀请了琼斯到会做证。琼斯带着这些准备好的发言材料去出席听证会时，发现自己被安排第6个发言做证，而在他之前的5位发言人都是有名的专家，这些人都具有深厚的专业知识。然而即使这样，委员会仍然对他们每个人的资格都进行了盘问。

在轮到琼斯发言的时候，他却放弃了自己的演讲稿。他走到议员们面前，对他们说："先生们，我本来准备了一篇发言稿，但我现在决定不用它了。因为，我怎么能同刚才已发表过高见的那几位杰出人物相比呢？他们已经向你们提供了所有的事实和论据。"

琼斯看了看众人后，继续说："其实我在这里，主要是为了你们的切身利益作呼吁。你们是美国的优秀分子，都肩负着重大的责任。现在你们正处于一生事业的顶峰。但是你们日夜为国家呕心沥血,工作那么紧张和辛劳,你们的心脏最有可能受到损害,你们也最容易成为心脏病的首先牺牲者。"

说到这里,那些参议员们动容了,都在心里暗忖:是啊,像我们这么辛劳的人确实容易患上心脏病。于是他们都微微点头赞同琼斯的话。见到参议员们的反应,琼斯接着说:"所以,为了你们自己的健康,同时也为了你们家庭中时常祈祷你们安康的妻子和儿女,还有那些千千万万个把你们送进这个大厅的选民们,我呼吁和恳请你们对这个议案投赞成票!"

琼斯这一席话富含感情,因为言之有理,而且涉及议员们的切身利益,所以得到了议员们的认同,这个提案很快获得了通过。不久全国心脏病基金会就由政府创办起来了,而琼斯成了基金会的首任会长。

虽然人们希望得到赞赏,但赞赏应该能真正表明他们的价值。也就是说,人们希望你的赞赏是你思考的结果,是真正把他们看成是值得赞美的人,并花费了精力去思考才得出的结论。真诚是赞美的前提,失去前提,赞美便失去意义。

赞誉,是最赚钱的本事。一个懂得称赞他人的人,在商界的起伏中必然会稳如泰山,受到他人的热切欢迎,因为没有一个人不喜欢被真诚的赞美包围。

幽默是一种快乐的力量

幽默是一种快乐的力量，如果想利用幽默的口才来摆脱生活当中的烦恼，与他人建立和谐的关系，并且实现你的人生目标，那就要将这种快乐的力量带到生活当中。

——哈佛箴言

哈佛大学分析，烦恼对寻求幸福快乐的人类来说，是很危险的情绪，它有魔鬼一样的力量，稍不留意我们就可能被它拖向精神崩溃的地狱。因此，聪明的人不能不思考解脱之道。如果我们对生活的某些方面有烦扰、惶恐的心理，那么我们就需要借助幽默的口才，以平静、轻松的心情告诉别人，自己是如何生活的。

哈佛大学的心理专家说："幽默地谈论自己来坦诚对人，让人看到原原本本的你，这一点很重要。当我们坦诚开放地对别人表露自己时，就足以影响别人，让他们了解自己的动机、梦想和目标。于是我们与他人之间所共有的自我了解，会缩短我们之间的距离。幽默是烦恼的克星，幽默改变我们灰暗、消沉的心境，帮助我们找回自信、激情和兴致，使我们神清气爽、心情舒畅。幽默的力量在于调节，它能让人在领悟全部人生内涵之后，创造新的气氛，以此带来可贵的心理平衡。"

一个韩国旅游团在我国南方某省旅游，时值梅雨季节，游客感到很扫兴，然而幸运的是他们遇到了一个善解人意、风趣幽默的导游。导游在车上用韩语说："你们把雨从韩国带到中国来了，可雨在车外；你们把首尔的太阳也带来了,它就在车厢里。"妙语既出,一片掌声。其中有位老太太游武夷山时,由于裙子被蒺藜划破,泄气地坐在了地上。"老太太,您别生气,"导游和颜悦色地说,"这是武夷有情,它请您不要匆忙地离去,叫您多看几眼呢!"这话疾风般吹散了老太太脸上的愁云,使她重新恢复了兴致。

幽默还能让我们从烦恼中解脱出来。一般人生病住院或遭受意外伤害的机会并不多,而高龄、肥胖以及囊中羞涩等却常带给我们很多困惑,将我们的好心情消磨得干干净净。面对上述这些情形,在没有力量改变现状的情况下,最好的办法莫过于一笑置之,作洒脱状。我们都熟悉那个永远是乐呵呵模样的大肚弥勒佛,他的哲言是:大肚能容,容天下难容之事;笑口常开,笑世上可笑之人。我们应该学学这位乐观的智者,在我们遇到令我们烦恼的事或人时,不妨笑一笑,不要把它看得太严重。总之,不要自我折磨、自寻烦恼。

唐僧师徒去西天取经,终于到了雷音寺,见到了如来佛祖。如来佛祖吩咐弟子迦叶长者给唐僧取经书。谁知迦叶长者向唐僧他们苦苦索要钱物,唐僧无奈,只得将唐朝天子赐的紫金钵盂给了他。猪八戒好生愤怒,向如来佛祖告状说:"迦叶长者索要钱物,拿了我们一个紫金钵盂。"如来佛祖说:"佛家弟子也要穿衣吃饭。以前,舍卫国赵长者请众多弟子下山,将此经诵了一遍,讨得了三斗三升黄金麦粒回来;你们那钵盂才值多少金子?"猪八戒一听,气坏了,他气呼呼地走出来,说道:"成天说要见佛祖,这不,见到了佛祖,佛祖原来也是爱钱的。"唐僧说:"八戒,你莫烦恼。你不想想,我们回去以后,还不是得替人家诵经。"

在现实生活中,很多像猪八戒一样的人容易被一些微不足道的小事引发不愉快的心境。心绪烦躁,往往又不能自觉地反思,于是渐渐心理不平衡或闷闷不乐，或郁郁寡欢，或牢骚满腹，或大发雷霆。以这种焦躁情绪待人处世，生活氛围将会被弄得更糟，从而产生一种恶性的情绪循环。

原民主德国将领乌戴特将军患了导致秃顶的病。在一次宴会上，一个年轻的士兵不慎将一杯酒全泼到了将军头上，全场顿时鸦雀无声，士兵也悚然而立，不知所措。倒是这位将军幽默地打破了僵局，他拍着士兵的肩膀说：

"兄弟，你认为这种治疗会有作用吗？"

会场顿时爆发出了笑声，人们紧绷的心弦松弛了下来，将军也因他的大度和幽默而显得更加可亲可敬。

美国有一位传奇式的篮球教练，叫佩迈尔。他带领的篮球队曾获得39次国内比赛冠军。那一年，他的球队在蝉联29次冠军后，遭到空前的失败。比赛一结束，记者们蜂拥而至，把他围个水泄不通，问他这位败军之将有何感想。他微笑着幽默地说："好极了，现在我们可以轻装上阵，全力以赴地争夺冠军，背上再也没有冠军的包袱了。"

佩迈尔面对失败的挫折时没有放弃，反而将烦恼化为力量，这是多么令人钦佩的人生境界！幽默的形式主要在于改变我们的情绪，而不在于改变我们的理智，幽默是给生活注入潇洒的活性剂。

一位女郎踩了一位先生的脚，立即表示歉意，男士为了缓解她的不安，连忙说："没关系，谢谢你提醒我该擦皮鞋了。"

面对令人气愤、烦恼的事情，这位先生用了一句曲折、幽默的话化解了，既指出了这位小姐粗心大意的事实，同时也解除了两人的尴尬，摆脱了不愉快的事情给自己带来的烦恼。

第五课

成熟处世，让你"明哲保身"的社交技巧

哈佛分析说，大多数人，与其说他们是在与别人的竞争中失利，不如说他们输给了自己不成熟的处世心态。

争吵不起任何作用

争论是世界上最大的空耗，即使争赢了，也不能给自己争来面子，有时甚至还会引起对方的怨恨。

——哈佛箴言

孔子说："己所不欲，勿施于人。"当你的观点与别人的想法发生冲突的时候，先想一想争论是否有益于你的生活。

你能确定你的观点和想法都是对的吗？如果不能，就不要自不量力与人争论不休。即便你确定自己是对的，也不要用争论去让别人接受你的观点，这并不能让别人口服心服，也不会给自己带来收获。

成功学家戴尔·卡耐基在人际关系上就有过这样的失误。第二次世界大战刚结束的某一天晚上，他在伦敦参加一场宴会。宴席中，坐在他右边的一位先生讲了一段幽默故事，并引用了一句话，那位健谈的先生又说，他所引用的那句话出自《圣经》。

"你错了。"卡耐基回忆说，并且很肯定地说出了出处。那位先生的脸色很难看，他立刻反唇相讥："什么？出自莎士比亚？不可能！绝对不可能！那句话出自《圣经》。我确定如此。"两人各不相让，展开了激烈的争论。

最后，谁都没有说服谁。卡耐基的朋友法兰克·葛孟坐在左边，他研究莎士比亚的著作已有多年，于是二人都同意向他请教。葛孟听了，在桌下踢了卡耐基一下，然后说："戴尔，你错了，这位先生是对的。这句话出自《圣经》。"那位先生听了,瞄了一眼卡耐基,以示得意。

卡耐基非常恼火,他心想:葛孟不会不知道那句话出自哪里,却故意让我难堪。

那晚回家的路上,卡耐基没好气地问:"法兰克,你明明知道那句话出自莎士比亚的著作。"

"是的,当然。"他回答,"《哈姆雷特》第五幕第二场。可是亲爱的戴尔,我们是宴会上的客人。为什么要证明他错了?那样会使他喜欢你吗?为什么不给他面子?他并没问你的意见啊——他根本不需要你的意见。为什么要跟他抬杠?记住,永远避免跟别人起正面冲突。"

是啊,当与别人的冲突对我们有害无益时,我们能避免就要避免。争论与一个人的修养有关,当一个人的自我修养处于很高的境界和水平的时候,他绝不会再用争论的方式来解决问题。

因为事实是争吵对改变别人的看法不起任何作用。我们可以确定,十之八九,争论的结果会使双方比以前更相信自己是绝对正确的。要是输了,当然你就输了;如果你赢了,还是输了。为什么?如果你的胜利,使对方的论点被攻击得千疮百孔,证明他一无是处,那又怎么样?你会觉得扬扬自得。但他呢?你使他羞愧。你伤了他的自尊,他会怨恨你的胜利,以一种"阳奉阴违"的态度对待你。

本杰明·富兰克林说:"如果您与人争论和提出异议,有时也可取胜,但这是毫无意义的胜利,因为您永远也不能争得您的对手对您的友善态度。"

你更想得到什么?不妨认真地思考一下,是想得到表面的胜利还是别人的同情?要知道,鱼和熊掌是不可兼得的。

在与别人争论的过程中,也许你的意见是正确的。但如果为改变一个人的看法而与对方过分争执,那么,你所做的努力只是无用功。

事实上，任何一个人，无论其修养程度如何，都不可能通过争论把对方说服。

佛祖说，不能以仇解仇，而应以爱消恨。靠争吵是不能把事情弄清楚的，只能靠接触、和解的愿望和理解对方的真诚心愿。只有这些，才是真正解决问题的办法。

在争论时，少说一句，做出一些让步，就能风平浪静。俗话说"退一步海阔天空"，主动退让息事宁人，以理智战胜冲动，很快就能把矛盾解决掉。当然，这种修养并不是天生的，而是后天修炼得来的。

要使不同的意见不致演变为争论，下面的建议或许是对你有帮助的：

1.欢迎不同的意见

不同的意见绝对不是引起争论的好理由。当你的观点与别人发生冲突的时候，不要着急说自己是正确的。人的思维不可能绝对完整和全面，总有一些客观或主管的原因让你所有欠缺。所以，即便你有确凿的证据证明自己是对的，也不要企图引起争论，而是要欢迎不同的意见，这样也可以一起探讨，并表示感谢。

2.不要相信你的直觉

自卫是人的本能反应，当有人提出不同意见的时候，直觉会让你首先去自卫，要为自己找理由去辩护，而其实这就是争论的开端了。因此，要避免争论，应该先冷静地听完对方所有的观点，客观地分析和思考，也许你真的能从中获益。

3.勇于承认自己错了

争论的时候，尤其是到了白热化的时候，为了不输面子，双方都会据理力争，各不相让，这就使得争论更加难分难解。这时候，诚实是最难得的品质，如果发现自己真的有错，就不要再试图为此而掩盖或找理由开脱，那只会欲盖弥彰。坦然地向对方承认自己的错误，表面上看是丢了面子，但是你的诚实和勇气会让其他人更加钦佩。

4.同意对方的观点

如果想尽快避免争论,最好的办法就是同意对方的观点,就像上文坐在卡耐基左边的那位朋友。因为无论你赢了争论还是输了争论,自己都没有什么实质性的受益。与其这样,不如成人之美,成全对方的面子。之后对方发觉你确实是对的,就会在心里感激你,而不会怨恨你。

用心听出弦外之音

有的人说话很隐晦,一句话可能有很多种意义,遇到这样的情况,你就要察觉其中隐含的信息,如此才能摸透对方的心思。

——哈佛箴言

有些人先不说自己心里怎么想的,而是表现出很大度的样子说:"欢迎大家提意见。"不要以为这样的人与众不同,喜欢听反对意见,其实越是对别人的否定表现出不在意的人越是在意,这类人其实内心里不希望听到你的批评意见。因此,如果你能很轻易就识破这样一种心理,你就不会在这方面吃亏。

刘蕾大学毕业之后进了一家私营医疗设备公司。老板对重点大学毕业的刘蕾非常看重。刘蕾也不负老板所望,业绩非常突出,一些别人难以完成的任务,交给刘蕾也不会出错。第一年刘蕾被提拔做了销售主管。老板非常喜欢在工作中兢兢业业的刘蕾,并且经常和她一起商讨比较重要的问题。渐渐地,刘蕾觉得自己在公司中已经有了非同一般的地位。

有一回，公司召开会议商讨和台湾一家大公司的合作方案。在会议上，老板将自己的计划和合作意向书拿了出来，让大家看一下。他大度地说："看看有什么意见，尽管提。"公司里的其他几名主管看了之后都没有说什么，唯独刘蕾看出了问题。她认为照这个合作方案进行合作，公司能够得到的利润非常小。于是坦率地对老板说她觉得这个合作方案有问题。

老板的脸色不太自然，但还是问她哪里有问题。于是，刘蕾从头到尾把这个合作方案批了一通。刘蕾当着这么多人的面把老板的工作全盘否定了，这让老板很不高兴。

于是老板淡淡地说："会议结束，这个问题以后再谈。"刘蕾本想强调拖延这个方案的后果，但她看到老板一脸不高兴地离开了，便悻悻地闭了嘴。

会后，刘蕾又去找老板商讨，她对老板说："这个问题不能拖，要是按照这个合作方案……"

老板用很冰冷的语气说："还有其他事吗？没有的话我还要处理一些事情。"刘蕾只好识趣地离开了。

很多时候，别人说欢迎大家提意见不过是场面话，尤其是身份较高的人，一方面想要表现自己的大度，另一方面内心的自尊比常人更强。虽然他嘴上说请大家多多指教，但其实是想听到更多的鼓励和赞扬，而不是批评与反对。

所以，不管是面对你的上司还是你的合作伙伴，如果他说："大家都别客气，有什么意见尽管提。"这个时候，千万不要不加考虑就对别人的方案或决定提出批评，尤其是当着大家的面时，这会严重地伤害他的自尊，如果这个人心胸狭窄，没准儿以后还会报复你。

就算他足够理智，当面还会面带笑容说："哦，非常感谢你的意见。"

那也只是碍于面子和公众场合，其实内心对你提出的批评非常恼火，对你更不会有什么好印象。

那么，与人谈话时，如何才能更好地摸透说话者的心思呢？

一是听声。同一句话，用不同的声调表达出来，其含义就不一样，有时甚至完全相反。听声就是通过发现声调中的异常因素，做出辨析，抓住隐含其中的心思。

举个例子："好啊！他行！他真行！"如果说话者说这句话时，语气上扬，听者便能感觉出这是在赞扬某人。但如果说话者刻意压低语调，刻意拖长"行""真行"，那意思就刚好相反了，那就表示说话者对某人的严重不满，而这种不满情绪尽在言语之外。

很多情况下，同样一个意思，可以用肯定句、否定句、感叹句、假设句、反问句等许许多多的形式表达，也可能不同的形式就表达不同的意思，这就需要结合语境仔细辨析了。

二是辨义。说话者总是从一定的角度来表达他的思想。辨义主要是抓住说话角度这个关键，发现其中的异常因素，从而看清他的真正意图。

人们对于不好明说的事情，经常会换个角度含蓄地表达出来，而这个角度的改变其实都没有脱离具体的场合，所以你不要以为对方跑题，只要你结合场合来分析对方说的话，就很容易悟出对方的意图。

三是观行。人们有时候碍于面子难免会说些违心的话，这个时候表现出来的就是言行不一，你只要注意观察他的具体行为，就能领会其内心的真实想法。

有些人心里不愉快，或生你气的时候，不会直接表达内心的不满，他们会绷着一张脸，用力地对你说："没什么！"或是用不耐烦的语气表示："算了！算了！不跟你计较！"一边说还一边乒乒乓乓地摔东西。即使是小孩，也看得出他们在生气！

赞扬你的目的可能是为了批评你

不要以为所有用温柔体贴的话赞扬你的人都是出于好意，或许他背后隐藏的目的是批评你。

——哈佛箴言

很多时候，你的上司或朋友想要指出你的错误，都会先费尽心思地赞美你一番，一方面让你在温柔的话语里放松警惕，另一方面，避免直戳你的伤口而让你感到不高兴。如果你在工作中犯了错误，老板把你叫去，却并没有提及你的错误，倒是说了一些你工作的积极态度，你在某些方面的突出成绩，于是你放松了警惕，原来老板把你叫去并不是为了批评你，而是表扬你，但是正当你得意忘形的时候，老板的话锋一转，开始指出你的缺点。

我们无论在什么时候都一定要提高警惕，不要因为自己的失误，傻乎乎地挨了一顿批，最后还不知道是怎么回事。

丁秀硕士毕业后去了一家私企做人事工作。因为这不是她的专业，更不是她的强项，干了一个多月，还是找不着状态，不但拖累了旁边的同事，自己也干得非常不舒服。

有一天，人事经理叫她去谈话，人事经理说："丁秀，你是个非常聪明的女孩，我们也能感觉到你工作非常努力。"丁秀听了脸上流露出一丝喜悦，用微笑来接受这种赞美。

人事经理接着说："你是我们公司学历最高的，按照你的学历，你本来是可以找到一个更好的工作的，并且你的外语也讲得非常好。"丁秀听了掩饰不住地高兴起来,一个劲地谦虚推脱。最后人事经理看着丁秀的表情非常无奈地说:"但是,你不是非常适合做人事,因为你的性格太内向,不太善于观察人的心理。不过,你可以找到一份更好的工作。"这时丁秀才听明白,原来人事经理说了这么多,只是为了让自己离开。这让她感觉非常受伤。

很多时候,我们不能被一些表面现象蒙蔽了,如果有人给我们一颗糖吃,我们正乐滋滋的,没想却从后面挨了一脚,这种滋味肯定不好受。因此,当我们在接受人的赞扬的时候,首先要在心里分析一下,为什么他会赞扬我,我是不是真的有那么优秀。如果了解了这些,我们便不会被人泼了一身的冷水后还傻愣在那里感觉莫名其妙。

高凡是某科技公司的销售,有一次,她联系到一个客户正好对他们公司的产品有需要,但是因为高凡说错了一句话,让客户对公司的实力产生了怀疑,因此迟迟没有下单。

高凡很着急,为了讨好客户,又是请吃饭,又是陪聊天。而在这期间,老板也一直忙着和她一起拉拢客户。最后感动于他们的真诚,客户终于定了他们公司的产品。

这让她和老板都松了口气,为了表扬她对公司的尽职尽责,老板单独请高凡去吃饭。席间,老板不断地夸赞高凡,说高凡为公司真是非常尽力,并且还说高凡如果加以培养真是前途不可限量等等。正值高凡得意忘形的时候,她突然觉得不对劲,为什么老板没事会对自己说这么多好话呢,老板一定还有话没说。

于是高凡说:"我知道我有很多不足的地方,我需要向您学习的东西太多了,还有在这次业务中,我犯了非常严重的错误,如果不是我,很可能前两个星期我们就已经谈下这单业务了。"

老板听高凡这么一说，很高兴，就说："人都有犯错的时候，能认识到并且改正自己的错误，这是非常难能可贵的。不过，高凡啊，你这人大大咧咧的，要学会和同事合作啊，不能太独断独行，大家可以相互弥补不足。这样才能做好工作嘛。"

高凡连连点头说："我知道我有时候太马虎了，不过这些我都会努力改正的。"

这一通话说完，高凡才豁然明白，原来老板是醉翁之意不在酒。幸亏她提早发觉了老板的心思。

我们要像高凡一样，很灵活地道出自己的错误，这样不但能增强对方对你的正面看法，也能让自己变得主动。在不得不指出他人的错误或缺点时，也要学着像老板一样婉转点。

学点"缓兵之计"，巧妙化解尴尬

和对方永无休止地纠缠下去，不但意见上的冲突会越来越多，而且到头来只会让自己难堪。

——哈佛箴言

当遇到的质问或责难相当尖锐时，你不妨避实就虚，用"这件事我们以后再谈好吗"来缓和当时的紧张气氛。

当你突然遭到对方咄咄逼人的责难时，该如何说才能转危为安呢？

在某大学的课堂上，教授正在讲授先秦历史，突然有一名好奇的学生提出一个与该节课内容毫无关系的问题："请问老师，孔子一生仁慈，为何要杀少正卯呢？"

教授听后先是一愣，然后很用心地回答这个问题，但那位学生似乎想为难这位教授，一直不断地与他争论，弄得教授差点下不了台。

任何人如果碰上这种不讲道理的人，都不容易全身而退。虽然这位教授可以正面回绝学生的提问，但这种方法无法使对方心服口服。

事实上，这位教授可以这样说："如果你对这个问题感兴趣，我们可以下课再详谈，现在是上课时间，让我们上完课再说吧！"

如此一来，想必那位学生也不好意思再坚持下去。

如果那位学生无论如何都要你当面回答，那就得看你能否很巧妙地躲闪这恼人的话题。否则，你和对方永无休止地纠缠下去，不但意见上的冲突会越来越多，而且到头来只会让自己难堪。而这正是对方的最终目的：你只要一不小心没有掌握好说话策略，便会落入对方的圈套。

假使当时你们是在一种不很严肃或不很正式的场合，你可以用另一种策略来避开对方的唇枪舌剑，例如以"这个时候我们只喝酒，不谈其他问题"来推辞，便可四两拨千斤，轻松地将对方的话题引开。

如果是在学术讨论会上，这样的突发事件往往会引发激烈的语言冲突。若你冷静则还能够控制局面，如果你当时冷静不下来，而且你的身份和地位又要求你必须正面对抗时，往往就只有靠第三方来缓和冲突。

此时会议主席不妨暂时承认双方各有道理，同时表明这个问题争论很久，而且事关重大，即使是他也无法立刻回答。此时你不能恃强争论，要顺势取巧，你可以说："对于这一问题我们日后再讨论，今天我们暂且只讨论此次的主题。"

当你从困境中脱身之后，如果觉得有胜过对方的把握，就可以在恰当的时机说服对方，回答他的问题。若没把握，也可以一直拖延下去，反正"日后"是一个虚拟概念，没有确定的时间。

这种说话方法比直接拒绝巧妙得多，也更容易让对方接受，虽然表面上你是低姿态，实际上却是拒绝正面回答以保持对方心态的平衡。如果你的口气能掌握得更准确一点，还会给人一种你对此问题根本不屑回答的感觉。

在现实生活中，有时你碰到的并不是一位很有理智的人，他不是提出一个问题，而是滔滔不绝地说话，既无条理，也没道理。

这种情况下你最好的办法是听他讲完后，再发表你的意见。

有一名鞋店老板就曾碰上这样的事。一位小姐花了整个下午的时间在鞋店里挑选，结果批评的意见提了不少，鞋子却是一双也没有看上。

最后，这位小姐干脆请售货员找来老板，当着许多顾客的面滔滔不绝地说一些如"这双鞋的后跟太高了""我不喜欢这种皮料"，或者"你们的服务态度真不好，我选了一下午的鞋子，居然没有一个人过来帮我出点主意"之类的牢骚话。

那位老板就像一名听话的小学生一样，一直站在旁边听她发表"高论"，一声都没有吭。直到那位小姐说完后，老板才缓缓地说：

"对不起，请您等一会儿。"然后便走到鞋架旁，拿出一双鞋摆在小姐的面前说："小姐，我想这双鞋最能衬托你的气质。"

那位小姐半信半疑地将鞋穿上，结果不但大小合适，而且颜色、样式都令她十分满意。

那位小姐满意地说："这双鞋好像是专门为我定做的一样。"最后高高兴兴地付账离开。

做生意，人们都知道秉持"顾客至上"的信条，一般而言，无论顾客说什么,你都不可以反驳,除非顾客有侮辱你人格的地方,否则你就应该像那位鞋店老板一样听她说话,然后再发表你的意见,不给顾客唱反调的机会。

这位鞋店老板十分懂得这种顾客心理,也知道如何用语言攻心。

他先让对方发表意见,也许他根本一个字都没有听进去,但他的态度令顾客十分满意,最后抓住机会轻轻一击,对方很快就败下阵来。

其实,鞋店老板最后拿出的那双鞋子,实际上是那位小姐早就试过却下不了决心购买的鞋子。但经验老到又了解人性心理的老板,却早就看出她需要别人的临门一脚,给她一个肯定的答案,好让她下决心。

事实上,这位执拗的小姐可能看了好几家鞋店,都没有人懂得她的心,也没有人有耐心听她抱怨,更没有人能在她抱怨后,适时给她一个建议,直到遇到这个老板。

因此,遇到这类不讲理或专门找麻烦的人,不妨善用上述的"四两拨千斤"或"顺水推舟"技巧,绝对不要动不动就发脾气或没耐心地应付,否则,硬碰硬的结果,只能是你的无穷悔意。

不小心得罪了上司怎么办?

即使是开明的上司也很注重自己的权威,也希望得到下属的尊重,你最好让与上司的不愉快成为过去。

——哈佛箴言

在工作中,上下级之间难免发生一些不愉快的事情,产生一些摩擦和碰撞,引起心理冲突。作为下属,如果你处置不当,就会加深鸿沟,陷入困境，甚至导致双方的关系彻底破裂。那么，一旦与上司发生冲突，我们该怎么办？

刚大学毕业的小方踌躇满志，准备在工作上大干一场，然而他的很多意见却被上司认为是行不通的。在一次工作会议上，小方的方案又一次被推翻掉时，他一时失控，与上司争吵了起来。从那之后，小方感觉到上司对自己越来越冷淡，他不想因此失去工作，却又不知该如何解开与上司结下的怨。

不论对错，只要在职场中得罪了上司就不会有好事。如果当事人碍于面子或感情用事，不能及时化解矛盾，双方关系很可能会进一步恶化，导致员工最后不得不离职。实际上，只要心诚且方法得当，疙瘩还是容易解开的。

心理专家建议，首先应做到主动出击。例如每天上班见到上司，主动说一句"早上好"。如果矛盾不深，你主动打个招呼很可能就将疙瘩解开了。如果上司依然冷淡，那就需要亲自去道歉了。

若责任在自己一方，就应勇于找上司承认错误，进行道歉，求得谅解。如果重要责任在上司一方，只要不是原则性问题，就应灵活处理，因为目的在于和解，下属可以主动灵活一些，给上司一个台阶下。人心都是肉长的，这样人心换人心，半斤换八两，极容易感动上司，从而化干戈为玉帛。

其次，必须注意道歉不是辩驳。道歉要表达的是诚意和歉意，而非争论问题本身。如果上司主动提到了问题，为了避免再次争论，你不妨说："上次考虑得不够成熟，我回去仔细想想，做份文案再拿给您看看。"这样一来，既从问题中抽身而出，又表达了对上司的尊重；最后以文案的形式呈给上司，更容易引起他的重视和思考。

如果得到了上司的原谅,一定要及时巩固道歉的成果。不妨给上司写一封信,表达对他大度的感激,同时也要恰当地赞美上司的人品和能力。比如:"感谢您经常关心和体贴我们下属,也感谢您对我的错误的包容,我会更加努力工作的!"

但是无论如何都要选好时机,掌握火候,积极去化解矛盾。譬如:当上司遇到喜事受到表彰或提拔时,作为下级就应及时去祝贺道喜,这时上司情绪高涨,精神愉快,适时登门,上司自然不会拒绝,反而会认为这是对其工作成绩的分享和人格的尊重,当然也就乐意接受道贺了。

当然,若是因为上司的情绪不好,出言误伤了你,作为下属要不计较,不争论,不扩散,而是把此事搁置起来,埋藏在心底不当回事,在工作中一如既往,照常汇报请示,就像没发生过任何事情一样待人接物。

不少人在与对方吵架之后都不好意思见对方,即使见了面也不好意思开口,那么就打个电话解释吧,这可以避免双方面对面交谈可能带来的尴尬和别扭。打电话时要注意语言应亲切自然,不管是由于自己的鲁莽造成的碰撞,还是由于上司心情不好引发的冲突;不管是上司的怠慢而引起的"战争",还是由于下属自己思虑不周造成的隔阂,都可利用这个现代化的工具去解释。你甚至可以换个形式使用书信的方式去谈心,把话说开,求得理解,达成共识,这就为恢复关系初步营造了一个良好的开端,为和好面谈铺开了道路。不过要提醒一句, 这种方法一定要"因人而用",不可滥用,若上司平时就讨厌这种表达方式的话就应禁用。

最后如果自己实在不好出面,上司又不喜欢电话或书信表达,那你不妨找一些在上司面前谈话有影响力的"和平使者",带去自己的歉意、做一些调解说服工作——这也是一种行之有效的策略。尤其是当事人自己碍于情面不能说、不便说的一些语言,通过调解者之口一说,效果更加明显。调解人从中斡旋,就等于在上下级之间架起了一座沟通的桥梁。

但是,调解人一般情况下只能起到穿针引线作用,要重新修好二人之间的关系，起决定性作用的还是当事人自己的决心和努力。这时候要切记，一定不要和同事述说苦衷，试图争得同事的理解。这样的做法非常不可取。你的求助，很可能让对方陷入两难的处境，人家担心会被卷入是非当中。如果你的倾诉对象居心叵测，将你说的话传给上司，那你的情况可就真是雪上加霜了。

该聪明地闭嘴的场合

就算你不是话少的人，至少也该学学怎么聪明地闭嘴。

——哈佛箴言

无声的力量就像空气，无所不在。

老子说："真正的雄辩与木讷相同。"

西方谚语说："争辩是银，沉默是金。"

"不言之辩"这句话出自《庄子》，指的是人以沉默的方式来打动与说服人，使用无言战术来达到目的。

战国时，秦昭襄王第一次召见范雎时，范雎所采用的便是这种沉默的求人术。

当时秦昭襄王在位已36年，但国家军政权力依然掌握在母亲宣太后和叔叔穰侯手中，使得昭襄王无法独立执政、实行变革。范雎就是在这时到达秦国的。他先给昭襄王上书，说自己有办法使秦国强大，还暗示了如何处理昭襄王与宣太后及穰侯的关键问题。

于是昭襄王召见范雎。到了召见那天, 范雎故意事先在接见的地点四处闲逛。昭襄王驾到时, 侍臣看到有人在附近闲逛, 便道: "大王驾到, 回避!"

范雎这时故意提高声音说道: "秦国哪有什么大王, 只有宣太后和穰侯而已!"

这话正好击中了昭襄王积压在心中许久的心病。他有些不安地接见范雎, 对他说: "早该拜见先生的, 只是政务烦心, 每天要去请示太后, 所以拖到现在。我生性愚钝, 请先生不要客气, 多加教诲。"

但范雎一言不发, 若无其事地四周顾盼着。

大厅内静悄悄的, 气氛十分凝重。左右群臣们都有些不安地看着事态的发展。

昭襄王猜想可能是由于众臣在场, 范雎有所不便, 就遣退众臣, 但范雎仍然一言不发。昭襄王于是又问道: "先生有什么赐教于我?"

范雎开了口, 说: "是, 是。"停了一会儿, 秦王又一次请教, 范雎仍只是说: "是, 是。"停了一会儿, 如此重复了好几次。

后来, 昭襄王长跪不起, 说: "先生不肯指教我吗? 至少也该解释一下一言不发的理由吧!"

这时, 范雎才拜谢道: "不敢如此。"于是滔滔不绝地说下去。他讲的主要内容即是著名的"远交近攻"策略, 同时也谈及太后、穰侯等人独断专权、架空昭襄王一事, 并提出应对策略。

秦昭襄王听了范雎的话后十分赞赏, 马上任命他为顾问。几年后, 又让范雎做了秦国宰相。后来他对范雎说: "过去齐桓公得到管仲, 时人称他为'仲父'; 现在我得到您, 也要称您为'父'!"

范雎别出心裁的说服方法, 确有妙不可言的独特功效。沉默使昭襄王屏退了众臣, 也使昭襄王能怀着一种惊异而专注的心理来倾听范雎的意见，并加强对他的敬重之意。

由于在会见前，范雎已出其不意地点明了昭襄王忧心的事，所以不用担心自己不言而昭襄王会不再求问。正是有了这种十足的把握，他才敢采用沉默的方法。

在该闭嘴的时候，聪明地沉默，这种方法在现代求人时也经常被采用。

例如，两个关系很亲密的朋友，其中一个犯了错误，虽然心中愧疚，但口头上不想承认。这时他的知心朋友来了，这个朋友不是指责他、劝说他，而是端坐在他的面前，以充满关心、体谅的温情眼光凝望着他，或是用威严而又热烈期盼的目光注视着他。在默默无言的相对之中，两个人的心灵在交谈，凝结在犯错者心头的冰块正在渐渐融化，终于承认了自己的错误。

范雎巧妙地运用沉默，为自己赢得应有的尊重与地位。一个人如果能将沉默内化为个性的一部分，不仅能时常发挥"话多不如话少，话少不如话好"的力量，还会散发出独特的人格魅力，日本的西乡隆盛就是这样的人物。

西乡隆盛向来不修边幅，喜欢过一种朴素无华的生活。即使是在明治维新后，他官至日本陆军总司令、近卫都督，位极人臣时也丝毫未变。他住的是房租仅为三元的房子，穿的是萨摩碎白道花纹布衣，腰上缠一条白棉布腰带，他以这种打扮参加宫中的酒会而泰然自若。

西乡最讨厌与人争论，他平时少言寡语，彻底信守"沉默是金"的人生准则。因主张征韩论失败而与西乡同时下台的土佐藩人士后藤象二郎曾经指出："和西乡议论时，由于对方在议论中始终默默不言，所以常以为自己获胜，但是，回到家再仔细一想，才发现原来自己才是输家。"

西乡隆盛那近乎极端的沉默寡言，尤其在下面一则故事中表现得淋漓尽致。

有一天，西乡被邀请参加宫中的酒会。会后要离开时，他找不到自己的木屐了。这时外面下着雨，但他也没有叫人帮忙找，就打赤脚默默地走出宫门，向雨中走去。来到城门口时，站岗的卫兵便把他叫住，要他报出官衔和姓名。等他报出“陆军上将，西乡隆盛”的官衔和姓名后，卫兵非但不相信，还不准他通过城门。

若是一般人，这时可能就会与卫兵争论一番，但是，西乡就这样默默地站在雨中，等待认识自己的人经过。不久，古大臣（明治维新政府的内阁官名，相当于右相）岩仓具视坐车经过这里，证明了西乡的身份，西乡才被放行。

明治维新的杰出人物之一坂本龙马曾经根据与西乡第一次见面的印象，评论西乡说：“西乡是愚蠢，但其愚蠢的程度有多大却不可测。轻轻敲他，则轻轻地响，用力敲他，则响得也大。”

西乡隆盛之所以受到前辈、同僚的重视以及部下、后辈的信服，其原因就在于他为人的魅力与高深莫测！

哈佛社交专家指出，以下情景中该懂得聪明闭嘴：

对方在气头上；

对方正忙得不可开交，分身乏术；

对方累得眼睛快要睁不开；

对方完全不说话；

对方不断转移话题，顾左右而言他；

对方直接明白地拒绝你；

对方比你还想说话。

在以上这七种情况下，聪明适时的沉默会给对方留下较好的印象，之后再诚恳地说服对方往往会有不错的结果。

让对方有面子

在任何商务或其他交际场合中，我们都要学会适时地采用"建议"，而不是"命令"的口吻去和他人商谈，这样不但能维持对方的面子，而且能使对方注意自己的错误，并与你合作。

——哈佛箴言

我们在他人面前呵斥一个小孩或下属，找差错、挑毛病，甚至进行粗暴的威胁，却很少去考虑他人的自尊心。其实，只要冷静地思考一两分钟，说一两句体谅的话，对别人的态度缓和一些，就可以减少对别人的伤害，而收获却是难以想象的丰厚。

社会上的人历来都是重体面的，特别是在一些重要的商务交际场合，大多数人都认为"有伤脸面"和"无脸抬头见人"是最大的耻辱。所以，绝大部分人都"宁愿身受苦，不愿脸受热"，特别是那些能力低、有自卑感的人，自尊心会更强。

我们常常无情地剥掉了别人的面子。伤害了别人的自尊心，抹杀了别人的感情，却又自以为是。

卡耐基觉得很荣幸，能够有机会同美国名传记作家伊达·塔贝尔女士一起用餐。当卡耐基告诉她，自己正在写《人性的弱点》这本书的时候，他们开始讨论与人相处的重要问题。塔贝尔告诉卡耐基，当她撰写欧文·杨的传记时，曾访问一位跟欧文·杨先生共处一间办公室三年的人。

结果那人说，在这三年的长时间中，他从没有听到欧文向任何一个人说出一句直接命令的话。欧文的措辞始终是建议,而不是命令。例如,欧文从没有说过像"做这个,做那个"或者是"别做这个,别做那个"之类的话。他平时对人的措辞是:"你不妨可以考虑一下"或者是"你认为那个有效吗?"当他拟完一封信稿后,经常会这样问:"你认为如何?"当他看过助理写的一封信后他会这样说:"或者我们这样措辞会比较好一点……"他总是给人自己去思考、去做事的机会。

即便是下属做错了,他也绝不告诉他的下属应该怎样去做,而让他们从错误中去学习经验。像欧文·杨的那种方法,使人很容易改正他原来的错误。运用那种方法,他保住了对方的面子,而且使那人有了自尊感。使用那种方法,也很容易赢得对方的真诚合作,而对方不会有任何反抗或是拒绝。

让对方有面子!这是多么重要,然而我们却很少有人想到这一点!对此,哈佛人士指出,在任何商务或其他交际场合中,我们都要学会适时地采用"建议",而不是"命令"的口吻去和他人商谈,这样不但能维持对方的面子,而且能使对方注意自己的错误,并与你合作。

哈佛大学的一位商业人士,分享了他的心得:

"辞退雇员,不是一件有趣的事。被辞退的人,当然更不觉有趣可言了。我负责的业务都有季节性的,所以每年的三月,我都需要辞退一批雇员。

"在我们这一行业中,有一句俗话——没有人愿意掌管斧头。结果,就形成一种习惯,越迅速解决越好。在我解聘一位雇员时,总是这样说:'请坐,现在季节已过,我们似乎已没有什么工作给你做了。当然,我相信你事前也知道,我们只是在忙不过来的时候,才请你们来帮忙。'

"我所讲的这些话,对这些人的影响,是一种失望,一种被人辞退的感觉。他们当中多数是终身在会计行业中讨生活的。他们对这些草率辞退他们的机构，并不会表露出特别的喜爱。最近，当我要辞退那些额外雇员时，就稍微用上一点手腕，我把每人在这一季中的工作成绩仔细看过后，才会见他们。我与他们的谈话是这样的：'某某先生，你这一季的工作成绩很好。前次，我派你到组瓦克城办的那件事，的确很难，但是你却办得有声有色，公司有你这样的人才，实在幸运。你很能干，你的前途远大，无论到什么地方都会有人欢迎你的。公司很相信你，很感激你，希望你有空常来玩！'

"结果如何呢？这些被辞退的人，心情似乎舒服多了，他们不再觉得是受了委屈。他们知道以后如果这里再有工作时，我们还会请他们来的。所以，当我们第二季又请他们来时，他们对我们这家公司更有亲切的感觉了。"

在商界要想获得他人的合作与认可，一定要懂面子的重要性，更要懂得如何照顾朋友的面子。如果你自恃自己的资格老、资历高，就会不把别人放在眼里，就会拒别人于千里之外。如果对方很要面子，就可能不吃你那一套，甚至可能撕下脸皮和你对着干，这样不仅会把你的人际关系搞砸，而且还会影响你的财富之路。

当然，给别人面子要给得恰当，不恰当就是不给面子。如果被请之人面子很大，而你又没有给他应有的待遇，则会弄巧成拙，把给面子的事情弄成了极伤面子的事情。为此，每位社交人士都应该明白：尊重他人才能获得他人的尊重，想要同合作伙伴尽快在致富的过程中达成一致，就应保护好彼此的面子。

第六课

三分钟读懂人心，掌握社交主动权

哈佛的社交课上说，那些我们时常一起聚餐闲聊的朋友是什么样的个性，我们当然非常了解。但是面对一些初次见面却又不得不寒暄应酬的人，洞悉对方的个性，是最终达成有效沟通不可或缺的条件。

破解服饰背后的心理玄机

一个人的生活素质及周围人对他的看法，都可从服饰上看出来。

——哈佛箴言

曾经有位喜剧演员穿着乞丐的服装，进入数家商店做实验，其结果都是被赶出来，甚至招揽出租车时，也会因为穿着破旧衣服，而没有出租车愿意停下来。

曾有哈佛的心理学家提出，服装与配饰对一个人给别人留下的第一印象有很大的影响，因为穿着必须配合其活动场合，不同的穿着就会有不同的行为举止。

1.从衣服的颜色看人

通常，上班族穿着的西装颜色，灰、黑色占了绝大多数。这些选择灰色系西装的人是白领阶层中最平凡、标准的一群，同时也是最容易融入团体的一群。在重视群体协调、不鼓励个人英雄主义的社会中，这种穿着可说是最稳当也最万无一失的。而这种趋向保守的个性所从事的职业，也多半以事务性、一般性的工作为主。

或许你会认为他们都是平庸无能的一群人，那么你就犯了以偏概全的错误。在这群平凡人当中，也有实力派人士潜藏着。他们认为自己有能力，根本不需要借助奇装异服标新立异来凸显自己，那是没实力者才会要的小手段。

灰色又分为好几种不同色调的灰。喜欢明亮灰色的人注重整洁，选择深灰色的人则属于性格较稳重者。

对深蓝色西装有特别偏好的人往往会给自己立下远大的目标，为了实现这个目标，他们会发挥强劲的意志力，希望能过上被人肯定的、有意义的人生，也期望凭一己之力为社会做出一些贡献。他们的工作态度认真，行事谦恭有礼。若自我目标逐步达成的话，他们将会更加有自信，展现更为积极的人生态度。但也正因为他们希望目标实现的欲望非常强烈，若目标无法达成就会马上变得愤世嫉俗，甚至把失败的原因归咎于他人。在酒席间突然借酒发疯，偏激地大发牢骚，就是这类人失意时的最佳样本。

喜欢穿着咖啡色系服装的人，在巧妙、得体的服装搭配下，外表看起来就会呈现出利落、干练的形象。但是分析这类偏好咖啡色系的人，多半具有浓厚的孩子气。咖啡色的服装使他们外表看起来利落、干练，实质上却不是如此。一旦事情无法如愿，闹别扭、发脾气，马上表现出来，情绪来得快、去得也快。

喜好咖啡色的人勇于表达自己的意见是为了凸显自己。这类人做事优柔寡断、举棋不定，很难坚持自己的初衷，很容易就被他人的想法左右。身为一名主管如果拥有这种性格，是无法赢得下属们的信赖的，人际关系也无法顺利发展。

2.从衣服的品位看人

喜欢穿华丽服装的人，大多自我表现欲强。有些人穿着华丽过度，成了所谓的奇装异服。一般而言，这一类人除了自我表现欲极强之外，还伴随有歇斯底里的性格倾向，对于金钱的拥有也抱持强烈的欲望。

衣着朴素的人，则多半属于顺应体制的类型。这类人通常都执着于传统，对事物的观察缺乏主体性。而平常衣着朴素，但在特定场合、情况下喜欢穿华丽服装的人，虽属于顺应体制型，但也能拥有个性化的自我主张，经常利用声东击西的手法来掩饰身上的弱点。例如对自己的容貌缺乏信心的女子，通过穿迷你裙来转移别人的注意力；秃顶的男士则通过进口的高级皮鞋来削减他人对头顶上稀疏毛发的注意力。

对流行时装敏感的人,也是属于顺应体制型。这类人不但缺乏主见,也对自己缺乏信心,看到别人穿什么,不考虑身材、年龄是否适合随即跟进,借着混在流行服饰的浪潮中,让自己消失在统一的格调里,因为这样他们就不需要直接面对自己,或思考自己应该如何展现自我。

完全无视于自我的喜好,一味追求流行赶时髦的人,大都有孤独感,情绪亦不稳定。

而对流行毫不在乎的人,则属于个性强烈的典型。但也有一种人由于种种原因,把自己关在象牙塔里,唯恐被"社会化",而失去自我的特殊性。这种人不易与人相处或共事。

衣着无固定类型,式样、颜色、质料变幻无常,让人无法了解他的真正喜好的人,大多属于情绪不稳定,缺乏协调性的类型。他们在潜意识里有一种逃避现实的心理。

还有一种人,原本穿着特定格调的服饰,突然之间风格大变,穿起与以往格调完全不同的服装来。这种人很可能在物质或精神方面受到了刺激,情绪有所变化,或内心有了新的决定,外表上也出现了崭新的造型。

还有义无反顾追逐潮流的人,倘若模仿的对象能从一而终的话倒也没什么不好,但若是A蹿红时就追随A的脚步,B崛起时就模仿B的造型,将他视为"无法信任的人"准没错。因为其反复无常、难以捉摸的个性会不断变更自己所定下的方针,让人无所适从。所以,这类型的人永远难以与其建立稳定长远的人际关系。

3.装扮全身却忽视鞋子的人

一般人大多只注意到上半身的打扮是否合宜,而忽略了鞋子是否搭配得当。所以,能够将全身上下都顾虑周全的人,可说是懂权衡的人,待人处世方面也较能周全得体。

有些人全身上下都穿着名牌货,唯独鞋子是便宜的地摊货,只着眼于人们注意得到的地方，而将不显眼的地方草草略过、眼不见为净。这类人外表打扮得光鲜亮丽，但是他人目光不及之处，却不愿多花时间、心思修饰整理，像这样只注重表面功夫的虚荣心态，是非常要不得的。

据说日本警视厅的警察都以"服装穿着打扮是否协调"的标准来注意马路上过往的行人。例如穿着笔挺的西装，鞋子却脏兮兮、松垮垮的；或者服装邋里邋遢，鞋子、皮包却闪闪发亮。有这种装扮极不协调的现象，那人就可以列为值得多加注意的人物。同样地，我们也可以拿这一点来作为评断他人的准则，以及整理自己仪容时必须注意的事项。

肢体语言透露一个人的真实心思

人的表情，是情绪的晴雨表。如果强忍情绪佯装面无表情，这时，情绪便会在手脚的动作中流露出来。

——哈佛箴言

哈佛大学的肢体语言学专家马莱比昂说过，一个强而有力的握手会将自己的热情、温暖及善意传递给对方。它意味着"我们一起加油吧"或者"我对你的印象很不错"。

除了握手，还有很多肢体动作能传达一个人的想法和感情。

1.喜欢碰触他人身体表示友好

"近来如何？""好久不见，最近过得好吗？"边寒暄边将手搭在对方肩上，另一只手则紧紧握住对方的手，这种习惯以碰触他人身体表示友好的人，一般人的印象多半是政治家或是中小企业董事长的身份。虽说此举是为了表现亲和力，但难免令人感觉过度亲昵而浑身不自在，那是因为我们并没有借身体接触来表示友好的习惯，所以如果你有这种习惯又不懂得分寸的拿捏，是会被贴上不受欢迎的标签的，尤其是当男性对女性朋友做出这类动作的时候，很可能被认定为性骚扰。

初次见面就以碰触对方身体来打招呼的人，通常是过分自信的人。这种人完全不在乎对方的感受，单凭直觉认为这种举动可拉近彼此的距离，把他人当作自己的部属来照顾，就像爱护宠物一样。

若你乐于接受这种人的举动，便会得到很好的照顾；反之，他则会认为你背叛了他，翻脸就像翻书似的，轻易将你赶出他的势力范围。如果突然之间，他不再像以往那样对你勾肩搭背时，你就应该小心为妙，因为肢体语言告诉你，他已经将你排除在朋友之外了。

2.握手也能传情达意

以下手的动作即表示同意的态度，如遇对方有如此动作，你大可松一口气，与他进行进一步的交流。

——手腕放松，没有握拳。

——手掌张开、放在桌上。

——拿开桌上的障碍物。

——托着下巴作思考状。

如果他的手出现以下动作你则要小心了，这些可是代表否定的态度，你要提高警惕。

——胸腹前两手握拳。

——双肘打开，两手放腿上。

——两手交叉放在脑后，使身体向后摇动。

——手指面对你，做数数字状。

——谈话进行时，不断移动桌面东西。

——把抽屉打开又关上，好似寻找东西。

——用手指压住额头中间。

——用双手托着下巴。

——用手掌轻拍打桌面。

以上皆表示"我不高兴""我不想说话""我不同意"的心理。此时不适合再采取说服对方的说辞,而应结束对话起身告辞或改变话题。

3.走路姿态是性格的表象

步履平稳型:这种人注重现实,精明而稳健,凡事三思而后行,不好高骛远。重信义守承诺,不轻信人言,是值得信赖的人。

步履急促型:不论有无急事,任何时候都显得步履匆匆。这类人明快、有效率,遇事不推诿卸责,精力充沛,喜爱面对各种挑战。

上身微倾型:走路时上身向前微倾的人,个性平和内向,谦虚而含蓄,不善言辞;与人相处时,外冷内热,表面上沉默冷淡,实际上极重情义,一旦成为知交,誓死不渝。

昂首阔步型:这类人以自我为中心,凡事只相信自己,对于人际关系较淡漠,但思维敏捷,做事有条不紊,富有组织能力。自始至终都能保持自己的完美形象。

款款摇曳型:这种走路姿态多半是女性,她们腰肢款摆,摇曳生姿,为人坦诚热情,心地善良,容易相处,在社交场合中永远是受人欢迎的对象。

步履整齐双手规则摆动型:这类人对待自己如军人般,意志力相当坚强,具有高度组织能力,但容易偏向武断独裁。对生命及信念固执专注,不易为人所动,不惜牺牲性命去达成自己的目标与理想。

八字型:双足向内或向外,形成八字状,走起路来用力且急躁,但是上半身却维持不动。这种人不喜欢交际,但头脑聪明,做起事来总是不动声色,偶尔有守旧和虚伪的倾向。

漫不经心型:步伐散漫,毫无固定规律可循,有时双手插进裤袋里,双肩紧缩，有时双手伸开，挺胸阔步。这种人达观、大方、不拘小节，慷慨有义气，有创业的雄心，但有时容易变得浮夸，遇到争执绝不肯让人。

脚踏实地型：双足落地时铿锵有力，抬头挺胸，行动快捷。这种人胸怀大志，富有进取心，理智与感情并重。

斯文型：双足平放，双手自然摆动，走起路来异常斯文，毫不扭捏。这种人胆小、保守，缺乏远大理想，但遇事冷静沉着，不易发怒。

冲锋陷阵型：行动快速迅捷，从不瞻前顾后，不管人群拥挤或人烟罕至之地，一律横冲直撞。这种人性格急躁、坦白、喜交谈，不会做出对不起朋友的事来。

踌躇不决型：举步维艰，踌躇不前，仿佛前端布满陷阱似的。这种人个性软弱，逢事思考再三，瞻前顾后，但憨直无欺，重感情，交友谨慎。

混乱不堪型：双足与双手挥动不平均，步伐长短不齐，频率复杂。这种人善忘、多疑，做事往往不负责任。

观望不前型：行走迟缓，犹犹豫豫，闪闪躲躲，仿佛做了亏心事。这种人胸无大志，好贪小便宜，不善与朋友交往，喜欢独处，工作效率低。

扭捏作态型：走路如迎风杨柳，左右摇摆。这种人好装腔作势，做事不肯负责，气量狭小，个性奸诈，善于谄媚。

吊脚型：步履轻佻，身躯飘浮。这种人生性狡猾，有小聪明但不能用在正处。性情阴沉，愤怒不会显露于脸上，当他肯帮助别人时，通常都要索取高昂的代价。

跟跄型：举步蹒跚，忽前忽后，喜欢在人群中东奔西窜。这种人做事粗心大意，但慷慨好施，不求名利，安分守己。爱热闹，健谈，思想单纯，喜欢做户外活动。

携物型：走路总爱携带物品，如书籍、腰包等，否则就觉得空荡荡无所依恃。这种人心情忧郁、性格内向，又或者是悲观主义者，或有严重的自卑感。

4.眼神是思想的验钞机

在会议上或是其他场合中，你若试着观察其他人，将可发现其中有视线游移不定的人，也有一些视线沉稳的人。借助对方视线移动的方式，可以了解这个人脑中正处于什么样的状态。

以下列出几点供读者参考：

——眼睛直直地盯着对方，心中可能有隐情。

——在交谈的空档停下来注视对方时，表示说话内容是自己所强调的，或希望听者更能理解其中的含义。

——初次见面先移开视线者，多半逞强好胜想处于优势地位。

——与对方的眼神一接触，立刻移开目光者，大都有自卑感或心理有缺陷。

——看异性一眼后，便故意转移目光者，表示对对方有着强烈的兴趣。

——喜欢斜眼看人者，表示对对方怀有兴趣，却又不想让对方识破。

——仰望对方时，表示对对方怀有尊敬和信赖之意。

——俯视对方者，欲向对方显示威严。

——视线不集中在对方身上，迅速移转者，大多属于内向的人。

——视线左右晃动，表示他正陷入苦思冥想当中。

——谈话时，目光突然往下望，表示此人正陷入沉思状态。

5.从嘴的动作了解对方

面带笑容的人较容易使人接近，会增加双方的亲密度，迅速增进友谊；若是在较正式的谈话场合，如商业谈判及讨论会议中能够始终露出笑脸，则更有助于谈判的顺利进行和问题的解决。

笑是嘴开放性表达感情的方式，但是从嘴部的其他动作中，又能传达出什么意思呢？

舔唇：

经常舔嘴唇的人，大多思维活跃、头脑灵活。他们判断事物准确，从不主观臆断好坏，说话总是有理有据，而且无论观点遭到多少人的反驳，大多能自圆其说，令对方不得不点头称是。不过，这种人也有心术不正的一面，当其欲为个人谋利，或个人利益受到侵犯时，一般会采取打击报复，信奉"人不为己，天诛地灭"的人生哲学。如果你的身边有这种人，最好敬而远之，减少来往。

舌头在口腔内打转：

有这种习惯动作的人，通常对对方缺少尊重，或是对对方的看法与观点表示不满和不同意。这种人的生活态度并不是很严谨，以一种顺其自然的方式处理生活中的人际关系和事情。由于个性较孤傲，所以很难令人接近。但是这种人绝不是人性险恶的小人，他们大多喜欢随遇而安，今朝有酒今朝醉，明朝事上天自有安排是他们性格的集中体现。如果你是一个自尊心不是很强，而又时时需要轻松快乐一下的人，这样的朋友无疑是不错的选择。

嘴唇紧闭，下唇干燥：

这种人从气质类型上来讲属于抑郁气质的人。他们多怀有一种杞人忧天的心理，是一个不折不扣的悲观主义者，就算偶尔开怀一次，也会马上想到坏的方面，从而更加痛苦。

压紧下唇：

如果女性有这种习惯性动作，则说明这个人内心脆弱，总是有一种不安全感。这不仅表现在压紧下唇上，其他如双腿并紧、双手环抱于胸前等动作，都反映出这一心理状态。如果是男性有这一习惯，则大多是故作紧张，可能是想掩饰什么，或有别的目的。否则，他很可能是一个习性女性化的人。

用力上下咬牙，使两颊肌肉颤动，面颊抽筋：

这种人性格外向，属于易暴易怒，缺乏冷静的一类。只要是他看不过去的事就要管，听不顺耳的话就要说，甚至有时会因此与人拳脚相加。与这类人交往应摸透其脾气秉性，不然就可能适得其反，交友不成反结仇了。

以手遮口：

"遮嘴"这个动作，通常也表示有所隐瞒。将不能说的秘密一不留神说漏嘴时，人们会用手把口遮住。这个肢体语言所传达的信息就是要自己"住嘴"。手经常在嘴巴附近移动，或者习惯用手遮掩嘴巴的人，心中必定信奉"沉默是金""言多必失"的信条。

这类人不太向他人倾吐自己的心事，总是在某处冷眼旁观事情的发展。当事情发生时，会以旁观者的口吻说"果然不出我所料"。既不哭闹也不动怒，情绪起伏不大，但这并不代表他可以冷静地处理事情。这种人绝不会主动表示自己要做什么，别人也无法得知他到底想做什么。或许他心中正计划着某件事情，却不会轻易表现出来，别人也无从得知。

这种人甚至在与他人交往时也采取保持距离的心态，尽量避免过于黏腻的关系，给人冷漠的印象。若对他太过亲密，反而易引起他的反感；就算他主动接近你，也不会让你触碰到他的内心深处。与这种类型人的相处，保持适当距离才是明智之举。

6.双臂交叉抱于胸前是防卫姿态

双臂交叉抱于胸前，是一种防御性的姿势：防御来自眼前人的威胁感，保护自己不产生恐惧，这是一种心理上的防卫，也代表对眼前人的排斥感。

这个动作似乎在传达"我不赞成你的意见""嗯……你所说的我完全不明白""我就是不欣赏你这个人"。当对方将双臂交叉抱于胸前与你谈话时，即使他不断点头，其内心对你的意见也是不赞同的。

也有一些人在思考事情时，习惯将双臂交叉抱于胸前。但是一般来说，有这种习惯的人，基本上是属于警戒心强的类型。在自己与他人之间画下一道防线，不习惯对别人敞开心胸，永远和对方保持适当的距离，冷漠地观察对方。

你可以观察一下，对方是习惯将双臂交叉抱于胸前还是自然地放于两旁呢？自然放于两旁的人，较为友善易于亲近，并且可以很快地和你成为好朋友。不过，若你有不想告诉他人的秘密，又想找人商量时，请选择习惯将双臂抱于胸前的人。因为太过直率的人守不住秘密。而习惯于双臂抱胸的人会守口如瓶。但是，要和这种人成为亲密的朋友，可能要花上很长一段时间。

7.搓鼻子是欲盖弥彰的动作

说谎话者最担心害怕的事，无疑就是谎言被拆穿。只要心中存在秘密，便会有害怕被对方看穿的恐惧；你越心怀恐惧，脸上的表情也就越不自然。

为了掩饰不自然的表情，我们就会借助频频搓鼻子、揉眼睛来转移别人的注意力。经常触摸脸部的人也给人不稳重的感觉，这是一种内心不安的外显动作，不想让人在自己的脸上读到企图隐瞒的事。心虚地这里摸那里碰，反而更容易引起别人的注意。因为无法自如地控制身体各部位的小动作，手才会不自觉地移到脸上，想借此来蒙蔽对方的视线。

但是，这个动作也未必就是代表心中有鬼、蓄意撒谎。例如，朋友生日时，悄悄地准备生日礼物，想让对方惊喜一番。这时候，也有可能会出现摸脸搓鼻子的动作。

又或者是，对某位异性深具好感，却羞于表达，这种情况称作"害羞的隐瞒"。也就是说心中明明深藏爱意，却不敢大方表白出来，于是便不知不觉地频频搓鼻子摸脸颊，这也是隐瞒的一种。

另外还有一种人，边摸鼻子边客气地说："哪里哪里，这只不过是不足挂齿的小事罢了。"其实心中暗想："怎么样？我很厉害吧！"这是想隐藏"自满心理"的另一种表现。还有一种是当事者并不是刻意想隐瞒事情，只是时机尚未成熟，但又不小心说漏了嘴，这时，便会惊慌失措地将手伸向自己的脸。但心中坦荡，不想隐藏任何事情，无须提心吊胆怕对方看穿自己的心思，因为摸脸这样的小动作是不会出现的。

像测谎仪一样识别谎言

人人都会说谎，这是一个毋庸置疑的事实。世界上不会说谎的人大概只有三种：圣人、白痴和婴儿。说谎可以说是人类天性的表露。

一个刚学会说话的小孩，为了获得母亲的一个亲吻，为了获得一块香甜的糖果，他也可能会说上一个谎。

一个年年都是"三好生"的小学生，为了获得一次和同学去郊外野餐的机会，他会理直气壮地告诉父母，周末的作业习题他都已经完成了，而事实上他才做了一半。

一个品学兼优的女中学生，为了在周末下午和同学一起去看电影，她会红着脸告诉父母，她要和同学一块儿去买书。

一个刚毕业不久的大学生，进了一家声名显赫的大公司，感到春风得意，对着艳羡不已的朋友夸口说他一个月的薪水有多少多少，而事实上他的薪水只有他说的一半。为了面子，他撒了谎。

……

说谎的例子在生活中比比皆是。不可否认，说谎的确是人类一生中的一个重要的组成部分。只要稍稍留意一下，就会发现在我们的生活中，谎言如同秋天的落叶一样遍地都是。

在我们的社会生活环境中，诚信是社会倡导的主流价值观，说谎往往被人们认为是道德败坏、品质低劣的表现。有良知的说谎者往往会因为自己的谎言而深受良心谴责。

但哈佛一位知名的心理学家却说："说谎是人的一个十分重要的特点，是人类生活中不可缺少的一部分。也可以说，说谎是人类区别于其他动物的一大'本能'。"

也有研究结果表明，多数人每天撒两次大谎，1/3的谈话中有某种形式的假话，4/5的假话没有被发现，80%以上的人为了保住职位而说谎，60%以上的人至少对他的伴侣说过一次谎。

现在我们知道了，谎言的历史与人类的历史一样悠久，而谎言的运用范围之广、使用频率之高也让我们惊讶。现在，你是否明白了为什么有些时候你会不自觉地运用谎言来为自己开脱？是否理解了你的社交对象有时向你说谎？

哈佛心理学家的研究发现，即使最常说谎的人，当他的大脑转换成假装模式时，也会有下意识的信号可以被抓住，普通人可以像测谎仪一样，抓住说谎者的口实。

1.当人们叙述时不提及自身及姓名的有可能在说谎

人们在说谎时会自然地感到不舒服，他们会本能地把自己从他们所说的谎言中剔除出去。比如你问你的朋友他昨晚为什么不来参加订好的晚餐，他抱怨说他的汽车抛锚了，他不得不等着把它修好。说谎者会用"车坏了"代替"我的车坏了"。

所以如果你向某人提问时，他们总是反复地省略"我"，他们就有被怀疑的理由了。反过来说，撒谎者也很少使用他们在谎言中牵扯到的人的姓名。一个著名的例子是十几年前，美国总统比尔·克林顿在向全国讲话时，拒绝使用"莫妮卡"，而是"我跟那个女人没有发生性关系"。

2.眼睛最会泄露说谎者的秘密

问一个人问题，然后等他们回答。问第二次，回答会保持不变。在第二次和第三次之间留一段空隙。在这期间，他们的身体会平静下来，他们会想："我已经蒙混过关了。"

在所有的生理反应消退后，身体放松成为正常状态。当你趁他们不注意再次问这个问题时，他们已经不在说谎的状态中了，他们不是恼羞成怒，就会倾向于坦白。如果一个人说："我不是已经和你说过这件事了吗？"然后才勃然大怒，这多半是在欺骗。也可能对你说："事情是这样的，我还是对你直说了吧。"

说谎者从不看你的眼睛——他们知道这句忠告，每个人都记得小时候妈妈的批评："你肯定又撒谎了——我知道，因为你不敢看我的眼睛。"这教会你从很小起就知道说谎者不敢看眼睛，所以人们学会了反其道而行之以避免被发觉。

所以高明的说谎者会加倍专注地盯着你的眼睛，瞳孔膨胀。实际上，欺骗者看你的时候，注意力太集中，他们的眼球开始干燥，这让他们更多地眨眼，这是个致命的信息泄露。

另外一个准确的测试是直接盯着某人眼睛的转动，人的眼球转动表明他们的大脑在工作。大部分人，当大脑正在"建筑"一个声音或图像时(换句话说，如果他们在撒谎)，他们眼球的运动方向是右上方。如果人们在试图记起确实发生的事情，他们会向左上方看。这种"眼动"是一种反射动作，除非受过严格训练，否则是假装不来的。

3.过犹不及，说谎者常常会把事情描述得滴水不漏

在你的朋友身上试试，问他们两天前的晚上从离开办公室到上床，他们做了什么，他们在叙述过程中难免会犯几个错误。

记住一个时间段的所有细节是很困难的。人们很少能记住所有发生的事，他们通常会反复纠正自己，把思绪理顺。所以他们会说："我回家，然后坐在电视前——噢，不是，我先给我妈打了个电话，然后才坐在电视前面的。"但是说谎者在陈述时是不会犯这样的错误的，因为他们已经在头脑的假定情景中把一切都想好了。他们绝不会说："等一下，我说错了。"恰恰是陈述时不愿承认自己有错暴露了他们。

说话习惯透露对方的心理模式

观察一个人谈话的速度和语气，是开启一个人心理状态的钥匙。

——哈佛箴言

由于说话习惯人言人殊，经由统计，归纳结果就可以将说话习惯与一个人的心理模式产生关联。下面是哈佛课上对几种常见的说话模式的分析。

1.从谈话速度和语气洞悉人心

说话的速度快慢与一个人的性格绝对脱不了关系，一个慢郎中绝不会说出如连珠炮般的话语来。谈话速度快的人，大多性子急；而那些说话慢条斯理的人，多是慢郎中，不管遇到什么事情，总是不疾不徐，反应比别人慢半拍。

不满对方或心怀敌意时，言谈的速度就会放慢；相反地，当心里有鬼或想欺骗他人时，说话的速度大多会加快。

一个平时沉默寡言的人，一时之间变得能言善辩、喋喋不休，表明其内心有不想为人知的秘密或心虚，想用快言快语作为掩饰。

充满自信的人谈话时多用肯定语气；缺乏自信或性格软弱者，谈话的节奏多半慢条斯理、欲振乏力。

喜欢小声说话的人不是对事物缺乏自信，就是有点女性化；而那些说起话来没完没了，希望话题无限延长的人，其内心潜在一种唯恐被别人打断和反驳的不安，唯有这种人，才能以盛气凌人的架势谈个不停。

喜欢用暧昧或不确定的语气、词汇作为结束的人，害怕承担责任。

经常使用条件句的人,如"这只是我个人的看法""不能一概而论""在某种意义上""在某种情况下"等,大多属于神经质和怕得罪人的退缩型人格。

聆听他人讲话时,眼神无法集中,东张西望或玩弄手指头,表示对谈话者感到厌烦;而频频重复对方的话,表示具有高度的耐心与好奇心。

听别人说话时不停地大幅度点头的人,表示正认真地听对方讲话。而听话时点头示意,可是视线不集中于对方身上的人,表示对对方的话题没有产生共鸣;点头次数过多,或者胡乱附和的人,多半不了解谈话的内容;一面讲话,一面自我附和的人,大都不容许对方反驳,性情极为顽固,这种人不能与听者进行交流,往往一人唱独角戏,径直下结论。

2.习惯说"不过"的人

通过口头禅可以清楚地看出一个人的个性,但是有些人对于自己的口头禅,反而不怎么留意。

常说"不过"的人,和常说"但是"的人,基本上是半斤八两,都是自我主张强烈的类型。然而两者相比较之下,常说"但是"的人较具有主动的攻击性,而喜欢说"不过"的人则习惯隐藏自己攻击性。

习惯说"不过"的人,喜欢表现自我,期望得到众人的注目,却又不想引起他人的反感。举几个例子:

"虽然您这么说,不过,应该是这样不是吗?"

"不过,那样子可能行不通哟!"

这一类型的人习惯把责任推给别人,强调自己处于"无可奈何"的情况下,而刻意逃避必须负责的重担。

这种人城府深、心机重,做任何事情都会预先设想万一失败时要如何逃避责任的问题,如"如果到时我被这样责难的话,就用这个法子来搪塞过去""可能会被这样批评,不过这也是没有办法的"等,心中预先演练各种可能会发生的状况,并且预备好各式台词作为借口。

在跟人相处方面也是如此，第一次见面时，他通常不会主动向对方表现友好，而是保持距离以方便观察：看看对方和自己是否是同一阵线的人，还是会扯自己后腿的人。谨慎地分析判断之后，他才会慢慢地接近对方。

表面上他们通常给人和蔼可亲的感觉，容易和人打成一片、融洽共处。但是一旦明了对方并不是和自己站在同一阵线，他会毫不犹豫地斩断这份友情，过河拆桥，表现出其冷酷的一面。

若要让他们对别人推心置腹、说出肺腑之言是不太可能的，因为他们随时都处于警戒、防备的状态之下，不容易打开心房。如果想和他们和谐共事，你必须下相当大的功夫。一旦有事情发生时，也别指望他们会扛下责任，因为他们反而会把一些莫须有的罪名加诸你身上。对这一类型的人还是小心应对为妙！

3.经常将"可是"挂在嘴边的人

习惯说"但是""可是"的人，当对方说的话他不很认同，或者抱持否定的态度时，便会使用"但是"这个转折语；当他认为对方所说的是错误的，想要反驳或推翻他们的言论时，也经常使用"但是"这个词语。

然而有一种人，不论什么时候都喜欢使用"但是"这个连接词。他们想要打断别人的话题时，就会以"但是"作为开场白。一般在"但是"后面所接的句子应该是否定的，但仔细听他们接下来所发表的意见，其叙述的内容根本与刚才所述大同小异。这种时候似乎没有使用"但是"的必要，他们之所以如此，其用意只是为了不想一直扮演"听者"的角色，而希望他人的焦点都转移到自己身上。

其实想要提高自己价值的方法有很多种，根本没有必要选择否定对方的这种方式。他人的观点是正确的，自己的看法也没错，"你是你，我是我"，每个人都有自己的生存方式以及思想，但是，偏偏就有人就属于那种不否定别人就无法肯定自己的类型。这种老爱说"但是"的人，心中就常存有否定对方的攻击性心理。只要能将对方贬低，就觉得自己变得很伟大。

因为如此，这种类型的人便常常喜欢滥用"但是"这个词，为反对而反对，为否定而否定。如此一来，原本愉快的谈话也会变得索然无味，即使如此，这种类型的人还是对于他人的感觉无动于衷。

他们喜欢接近可以让他们自己充分感受到优越感的人。例如：遭到主管斥责以致情绪低落的同事、刚失恋的友人等，因为这些人心情郁闷，自信心尽失，所以和他们相处，自然会感觉到相当的优越感。而他们对这类不具威胁性的人，反而会静静地聆听其心声，并频频认同地点头，表现异常地亲切。但是，要注意这并不是他们发自内心的真正亲切，切莫误认为他们是"和蔼可亲"的人，否则吃亏上当时就后悔莫及了。

4.常说"所以说"的人

"所以说"是用在强调并且延续之前所提过的事情，或者作为结论时的用语。

"这件事的情况是这样的……所以说，会变成现在这样也是正常的，不是吗？"

"……所以说，我以前不就提醒过你了吗？"

"所以说，那件事本来就应该如此。"

常把"所以说"挂在嘴边的人，是经常强调之前自己说过的话，并下结论的类型。他们认为自己在一开始的时候就已经了解所有的事情，颇有事后诸葛之嫌。

当别人说出事情的结果时，他们总是会说："我之前不就说过了吗？我早知道结果会是如此。"特别强调自己对事情的发展早已经了若指掌。他们绝对不会说："是啊！你说得对，我也是这么想。"而总是说："所以说，这件事情就是这样，我之前不就说过了吗？"态度表现得非常强硬、傲慢，并且喜欢将所有的功劳往自己身上揽。

他们认为自己所说的话具有绝对的权威性,并有鄙视他人的心理。说话完全不顾及对方的心情,因此对方常会为了他们这种随意践踏他人的态度而受到伤害。正是如此,常常把"所以说"挂在嘴边的人,容易惹人讨厌而自己完全不自觉。事实上他们并不觉得自己是个傲慢、令人厌恶的人,反而认为自己相当值得同情。因为他们得不到众人的认同、理解,周围的人都不愿意去倾听、去了解他们的事,颇有众人皆醉我独醒的寂寞之感。因此常在心中呐喊着:"所以说,我之前就警告过了,为什么大家都不愿意听我的话呢?"

如果多了解他们一些,就知道其实要和这类型的人相处并不困难。因为他们非常希望得到他人的认同,渴望自己在他人心目中的形象是"见识广博,什么都懂",所以如果想和他们好好相处,只需要在这一点上多忍耐担待一些。

解读"目光语"的内涵

你学会了如何从别人的眼神中看出意图,也就学会了如何避免让别人从自己的眼神中看到脆弱。

——哈佛箴言

哈佛的心理学者爱德瓦斯·海丝曾做过这样一个很有趣的实验:他选择了男女两组被测试者,分别给他们放映五张幻灯片,五张幻灯片的内容有婴儿、怀抱婴儿的母亲、男性裸体照片、女性裸体照片和风景画,并对实验者的瞳孔进行摄影记录。结果显示瞳孔放得最大的是看异性裸体照的时候，瞳孔放大20%，而且男性和女性瞳孔放大的程度没有分别。

爱德瓦斯·海丝的实验表明，这种瞳孔的放大和缩小，虽然只是微小的身体动作，但却能通过这种变化非常准确地判断出一个人的心理活动及其变化情况——当感觉神经受刺激，或在强烈的心理刺激下，比如兴趣或追求动机，瞳孔就会迅速扩大，这种反应在心理学上被称为心理感觉反射。

丰富多变的目光语比语言更能透露我们内心的秘密。心里高兴时，眼睛会眯成一条线；内心疑惑时，眼睛会眨个不停；感觉吃惊时，眼睛会瞪得很大；不屑一顾时，眼睛会避免看对方或只做斜视……总之，透过眼神去窥视人的心理活动，是人们在社会生活中常用的方式。

但是，如果你想有意地、主动地从眼神中透视对方心态，就必须像哈佛的社交课上所提到的那样，学习和掌握一定的理论和技巧。

下面，我们就以各种场合为例，来探讨各种目光语的内涵及使用规则。

表示礼貌

与人交谈中，要看着对方的下巴；听人说话时，要看着对方的眼睛；被介绍与他人认识时，只能看着对方的面部，而不能上下打量对方。

表示倾听

要看着对方，不可东张西望，更不可以频频看表。

表示恳求

当有求于他人，等他人回答时，眼睛宜略朝下看，即俯视，这样可以让你显得更加诚恳。

表示打断

想要对方快点闭上嘴巴，可以将目光转向他处。相反，如果是希望对方继续说下去，则可以将散漫的目光收回，重新集中到对方的脸部。

表示未知

如果知道对方有烦恼的事，与之打招呼时要避免与其目光相撞，否则对方会以为你发现了他心里的秘密，而这可能会让他感觉不舒服。如果对方身上有缺点，也要使目光尽量避开这些缺点，否则对方会很反感，而且一旦对方有了反感的情绪，即便你再予以赞美，也会给人以做作、虚伪之感。

表达逃避

谈话时长时间不看对方通常被视作一种失礼行为，同时也容易被理解为是在躲避，这意味着你企图掩饰或心里隐藏着什么事。如果你不希望对方这样猜测你，那就要避免使用这种目光语。

表达抗议

内心不服气或有愤怒之情，并且希望表达出来时，一定要直视对方的眼睛，这样才能给对方以压力，达到最佳抗议效果。

表示公事公办

想象对方的脸上有一个三角形，这个三角形以双眼为底线，以前额发际为顶点。在正式谈判时，如果你一直盯着这个三角形看，会在无形中给对方一种暗示："我有清楚的底线，我不会破坏原则。"

表示认真和诚意

如果是在进行商务洽谈，时不时将目光落在对方脸部的三角形上，会让对方感觉到你严肃认真的态度以及诚意，这有助于你把握住谈话的主动权和控制权。

表示感兴趣的程度

与人交谈时，视线接触对方面部的时间应占全部谈话时间的一半左右，这样对方会感觉最舒服，也能体会到你对谈话内容比较感兴趣的心理状态。超过这个平均值，对方会认为你对谈话者本人比对谈话内容更感兴趣，这显然很不礼貌，尤其当对方是异性时；低于这个平均值，则表示你对谈话内容和谈话者都不怎么感兴趣，这显然会引起对方心中不快。当然，如果你确实想表达上述意思，那你就叮以这样做。

通过细节洞察对方的人品

人是很复杂的,了解一个人并不是一件简单的事。但只要我们注意观察,就可以通过一个人的喜好了解他的素质、修养和品德。

——哈佛箴言

物以类聚,人以群分。只有性情相近、脾气相投的人才能走到一块儿成为朋友。如果对方的朋友都是一些不三不四、不伦不类的人,他的素质也不会太高;如果他结交的都是些没有道德修养的人,他自己的修养也不会太好。有的人交朋友以性格、脾气取人,能说到一块就是朋友;有的人则以追求取人,有相同的追求就能成为朋友;有的人则因为爱好相同而走到一起。但无论如何,只有二人修养相当、品质差不多时才能成为永久的朋友。所以,了解一个人的朋友也就了解了这个人。

想了解一个人,还可以观察他是怎样对待别人的。

人在得意的时候,特别爱诉说他与别人在一起交往的情景,他说的时候是无意的,不会想到他与被说人有什么关系,所以一般比较真实。

如果对方当着你的面说自己如何占了别人的便宜,如何欺骗了对方等等,那你以后就得对他注意一点儿,他也有可能会这么对待你。

还有一种人比较圆滑,好像很会处世似的,往往是当面一套,背后一套,当着你的面说你如何如何好,别人如何如何不好。聪明的人就得注意这种人了,因为他在背后说别人坏,就有可能在你背后说你坏。

而有一种人可能当面批评你,指出你的缺点来,却又在你面前夸奖别人的优点,你也许不愿接受他这种直率,但这种人却是非常可信赖的人。

另外，看一个人如何对待妻子、儿女、父母，就可以分析出这人是否有责任感，自私还是不自私。

你可以通过他是否按时回家，有急事时是否想着通知家人，说起家人时感觉是否很亲切等，从这些细节可以看出他对家人的态度。一个不把家人放在心上的人是不会把朋友放在心上的。这种人往往心里只装着自己，只关心自己的得失安危，根本就不会想到朋友。所以交往时要注意尽量不要与那些没有家庭观念的人结交。

知彼知己，百战不殆。一般来说，与人交往之前，可运用以下4种方式对其进行具体考量。

1.以自己的感觉为依据

自己的感觉是最可靠的，唯有自己的感觉不会欺骗自己，所以评价一个人怎么样，不能听信别人，更不能人云亦云。当然，当你所要接近的人已经声名狼藉时，你必须加倍小心，以免受害。

2.重在表现，既要听其言，更要观其行

生活中不乏口是心非的人，如果只听其夸夸之谈，显然会被其误导。只有行动才能暴露一个人的本质。也只有经过对其具体行动的考量，我们才能够对他做出一个大致的评价。具体考量时，需从以下几个方面入手。

（1）在关键时刻或者危急时刻了解他，以便我们看清他的性格、个性以及人品。

（2）通过他的工作了解他，可以判断出他的工作能力、业务水平和敬业程度。

（3）通过其他人了解他，可以判断出他在人群中的形象、地位以及前途。

（4）通过他与别人的人际关系好坏了解他，可以判断出他在处理人际关系方面的能力。

（5）在是非中了解他，可以清楚地了解他的人格。

3.确立自己个人的分类标准

一般来说，可以把周围的人按照性格特征来分类，或者按照人品来分类。让他们一一对号入座，你心中就有了一个大致的交往之道，比如老张很踏实，应该多交往；小陈工作散漫，还喜欢说同事的坏话，要跟他保持距离，等等。

4.长期观察，随时调整

人是极其复杂的动物，而且很多人都有多重人格面具，因而想一次性了解透彻一个人极不现实。了解一个人，需要长期观察，而不是在见面之初就对一个人的好坏下结论，因为太快下结论，认识会因你个人的好恶而发生偏差，从而影响你们的交往。另外，人为了生存和利益，大部分都会戴着假面具，你所见到的是戴着假面具的"他"，而并不是真正的"他"。这是一种有意识的行为，这些假面具有可能只为你而戴，而扮演的正是你喜欢的角色，如果你据此判断一个人的好坏，并进而决定和他交往的程度，那就有可能吃亏上当或气个半死。

在初次见面后，不管你和他是"一见如故"还是"话不投机"，都要保留一些空间，而且不要掺杂主观好恶的感情因素，然后冷静地观察对方的行为。

一般来说，人再怎么隐藏本性，终究要露出真面目的，因为戴面具是有意识的行为，时间久了自己也会觉得累，于是在不知不觉中会将假面具拿下来，就像前台演员一样，一到后台便把面具拿下来。正所谓"路遥知马力，日久见人心"。

习惯性小动作暴露个性

没有人可以隐藏秘密,假如他的嘴巴不说话,则他会用指尖说话。

——哈佛箴言

与言语交流不同,我们的身体动作很多时候是不受意识控制的,那是我们无意识的反应。

乔箐是一家建筑公司的业务经理,最近在和一家公司进行工程谈判时,遇到了一位让人难以琢磨的老板。

这位老板一味地要求降低价格,并且不断威胁乔箐说,如果不降低价格的话,就与另一家公司合作。乔箐有点沉不住气了,现在的建筑行业竞争太激烈,能够遇到这样一个上千万元的大单实在不容易,如果不降价,最后这笔生意黄了,对于公司而言将是一个莫大的损失。但是一同参与谈判的公司老板却好像是铁了心,坚决不降价,不仅如此,还摆出一副爱答不理的样子。

出乎乔箐意料的是,最后这笔生意竟然谈下来了。

在事后的庆功宴上,乔箐冲着老板竖起大拇指:"您真是有胆量,这么大的单子竟然能下得了狠心。"

老板笑眯眯地说:"这不是我敢赌,如果做生意靠赌的话,再大的生意也得亏完了。"

乔箐很奇怪地问老板:"那您是凭什么断定对方会采纳我们的方案呢?难道您有内线不成?"

老板嘿嘿一笑:"小乔啊,做生意要与时俱进,我用的内线就是对方老板的身体，换句话说，就是下意识的小动作！"

看着乔箐一副疑惑的样子，老板拍了拍乔箐的肩膀说："当初第一次谈判的时候，我就仔细观察对方查看我们的方案时的反应。对方老板看我们的方案时，眼睛变得越来越亮。我就断定，对方对我们的方案很感兴趣。在随后的交谈中，对方老板虽然每次都在告诉我们，我们竞争对手的质量如何好、价格如何低廉，但是我发现对方每次提到这些问题时，都会不停地开始跷脚，这是一种传达厌烦的小动作，说明对方其实心中对于竞争对手的情况并不满意。当由于价格问题一直无法达成共识的时候，我适当地表现出我们要退出的意思，虽然对方表面上没有表现出害怕，但是却下意识地去摸头，这是内心恐惧的小动作，说明对方突然失去了安全感，这点就可以说明对方非常害怕失去我们这单生意。"

每个人在一生中都会一直有意无意地玩着各类肢体语言的游戏。婴儿喜欢吮吸大拇指，女人往往双臂横抱在胸前，这些常见的动作，作为一个了解小动作内涵的人，会十分明确地指出它们的真正含义。婴儿吮吸大拇指，是在寻求回到母亲怀里的安全感而做出的象征性动作。女人把双臂横抱在胸前是一种防卫姿态，以遮盖和保护她那容易遭受伤害的胸部。

设想你家对面有个电话亭，你只要仔细观察一下，就会发现人们在打电话时，会呈现出形形色色的肢体动作。

一个男人，正端端正正地站在电话机前，他全神贯注地听着，恭恭敬敬地说着。他的服饰一丝不苟，外套扣得整整齐齐。一望而知，他很尊重对方。可能，他正在向他的上级汇报工作，并听取对方的指示。尽管见不到对方的面，他还是像往日站在上级面前时一样郑重其事。

另一个打电话的人，姿态很轻松。他低着头，身体的重心不断地从这只脚换到那只脚，而且将下巴抵在胸前，看上去他似乎是望着地面，边听着边频频点着头，一只手却不停地用手指缠绕着电话线玩。看上去这个人很自在，但他对通话的内容显然感到索然无味，却又企图隐藏这种感情。和他通话的人可能是个很熟的人，也许是父母、妻子或者一个老朋友。

第三个人通话时，背对着电话亭的门。他耸起了肩膀，嘴紧贴着话筒小声地说着。他不愿意让人看到他脸上的表情，似乎要隐瞒什么秘密。他的左手不时地拢拢头发，挠挠耳朵，就像赴约前的整理一样。他十有八九是在和他的恋人倾诉衷肠。

再看第四个人。他高高地竖起了风衣的领子，脖子简直要缩到肩膀里去了。他的腰微微弓着，一只手紧拉着电话亭的门把手，像要阻止别人闯进来，又像立刻就要冲出电话亭去一样。他一边低声说着话，一边把目光透过低低的眼睑向来往行人窥视着，一副心怀鬼胎的样子。也许他正干着不可告人的勾当，正在向主子传递着情报。

由上可以看出，研究人无意识的小动作是一件很有趣的事。

但是，要确切了解小动作背后所隐藏的"真相"，我们必须了解一些规则。

要正确理解对方的肢体语言，必须综合若干个动作或姿态来分析，光从某一个孤立的动作上是不能做出正确判断的。

比如，你只看对方眉毛的动作，就不知道他在表达着什么，只有把眉毛、眼睛、鼻子、嘴和脸部的表情汇聚、综合起来，才能真正洞察对方。一个个孤立的动作就像是一个个单独的汉字，望"字"生义是会出偏差的。只有把单字组成词和句子，才能明白其中的意思。

另外，一个人小动作的表达，和他的心理活动有莫大的关系。

哈佛专家提醒：在研究某个人的小动作时，我们必须非常细心地来研究小动作发生的规律；必须了解他行动的整体条件，同时也要把行动和他的语言结合起来判断。虽然有时嘴里所表达的和小动作所表现出来的会互相矛盾，但其内部的联系是不可分割的。

第七课

洞悉人性，活学活用神奇的心理学定律

哈佛大学常说有人的地方就有心理学，因为你只要在这个社会中生存就需要与其他人交流，就需要跟周围的环境互动。科学心理学的研究能够帮助我们尽可能地找到隐藏在这些行为背后的真正原因，让人类更加了解自己。

因果定律——一分耕耘，一分收获

因与果，手段与目的，种子与果实，是不可分割的，因为果早就酝酿在因中，目的存在于手段之前，果实则包含在种子中。大自然法则是：从事工作，你将拥有权利，但不工作的人，将没有权利。

——哈佛箴言

"因果定律"是由著名哲学家苏格拉底提出的，又称为因果法则，指无论哪一方面的成功或失败都不是偶然的，而是有着一定的因果关系的必然，即每件事情的发生都有某个理由，每个结果都有特定的原因。

这个法则非常深奥且极具影响力，以致世人将其称为人类命运的"铁律"。哈佛大学的心理学家将其归纳为：种下豌豆就会获得豌豆，它有什么样的基因，就会得到什么样的种子。

有的人一生获得无数次成功，有的人连一次成功的滋味都没品尝过。你是否想过为什么会出现这种截然不同的结果？失败的人抱怨自己的运气差，甚至将其推脱给客观条件或外在因素；成功人士在总结经验时，经常要提到自己的聪明才智和好运气，但同时也强调了重要的一点——"一分耕耘，一分收获。"

曾有人问李嘉诚的成功秘诀，李嘉诚就讲了下面这则故事：

在一次演讲会上，有人问69岁的日本"推销之神"原一平其推销的秘诀是什么，他当场脱掉鞋袜，将提问者请上讲台，说："请你摸摸我的脚板。"

提问者摸了摸，十分惊讶地说："您脚底的老茧好厚呀！"

原一平说："因为我走的路比别人多，跑得比别人勤。"

李嘉诚讲完故事后，微笑着说："我没有资格让你来摸我的脚板，但可以告诉你，我脚底的老茧也很厚。"

李嘉诚讲的这个故事给我们这样的启示：人生中任何一种成功都不是唾手可得的，这是生命运行的必然衍生。只有辛勤耕耘、矢志不渝的人才能得到应有的尊重、地位、名利和成功。

知道这个道理后，相信那些失败的人在抱怨自己运气差的同时，一定也会总结一下自己曾经的付出是不是配得上更多的收获。

任何一种结果的出现都不是偶然的，如果你像那些成功人士一样，曾做了大量卓有成效的工作，那么你必定会得到和成功人士同样的结果，当你环顾生活中的各个方面，你会发现健康、收入、事业、家庭、人际关系……你目光所能及的一切都是过去耕耘的因所带来的果。

世上的任何事情都遵循着这样的道理。只要你肯花时间，肯牺牲，肯研究，肯付出，自然会声誉满丰。例如，如果想拥有很多的财富，你必须时刻想着赚钱，时刻研究如何赚钱，时刻尽全力为此付出，这样你的钱包才会鼓起来。如果你想拥有智慧，你就必须播下追求知识、学会知识、追求真理、运用真理的种子，这样你的脑中才会蓄满智慧。

所以，你要想得到某样东西，一定要付出更多的努力，把与该事情相关的每一件事情都做好，这样你才能从该事情中得到丰厚的回报，付出越多才能收获越多。

哈佛心理学家很看重因果定律，因为无数成功的哈佛人以最简单的形式告诉人们，如果生活中你为自己设定了想要得到的结果，你就需要追溯前人，看一看那些得到这个结果的人是怎么样做的，并为这个结果不停地努力、付出，如果你能够做和成功人士同样多的事情，你获得的结果也将和他们同样多，这不是奇迹，而是一个很自然的规律！

奥卡姆剃刀定律——复杂事情都能简单化

把烦琐累赘一刀砍掉，让事情保持简单！

——哈佛箴言

奥卡姆剃刀定律是由14世纪英格兰圣方济各会修士威廉提出来的。威廉出生在英格兰萨里郡的奥卡姆镇，他曾在巴黎大学和牛津大学学习，知识渊博，能言善辩，被人称为"驳不倒的博士"。

威廉曾写下大量著作，但都影响不大。但他却提出了这样的一个原理：如无必要，勿增实体。其含义是：只承认一个个确实存在的东西，凡干扰这一具体存在的空洞的普遍性概念都是无用的累赘和废话，应当一律取消。这一似乎偏激独断的思维方式，后来被人们称为"奥卡姆剃刀"。

奥卡姆剃刀的出发点就是：大自然不做任何多余的事。如果你有两个原理，它们都能解释观测到的事实，那么你应该使用简单的那个，直到发现更多的证据。对于现象，最简单的解释往往比复杂的解释更正确。如果你有两个类似的解决方案，选择最简单的、需要最少假设的解释最有可能是正确的。

哈佛心理学家用简单的一句话总结这个定律：就是把烦琐累赘一刀砍掉，让事情保持简单！他们认为，"奥卡姆剃刀"是最公平的刀，无论科学家还是普通人，谁能有勇气拿起它，谁就是成功的人。

这把剃刀出鞘以后，一个又一个科学家，如哥白尼、牛顿、爱因斯坦等，都在"削"去理论或客观事实上的累赘之后，"剃"出了精炼得无法再精炼的科学结论。每一个人都解决过复杂的问题，但都是首先使用奥卡姆剃刀将复杂的对象剃成简单的对象，然后再着手解决问题。

通用电气公司的杰克·韦尔奇就深得威廉的真传。

通用电气是一家多元化公司,拥有众多的事业部和成千上万的员工,如何有效地管理这些员工,使他们达到尽可能高的生产率,是杰克·韦尔奇一直苦苦思索的问题。他认为,过多的管理促成了懈怠、拖拉的官僚习气,会把一家好端端的公司毁掉。最后他总结出一个在他看来是最正确而且也必将行之有效的结论:管理越少,公司情况越好。

从接手主持通用电气的那一刻起,韦尔奇就认为这是一个官僚作风很严重的地方。控制和监督在管理工作中的比例太高了。他决定让主管们改变他们的管理风格。

韦尔奇想要从自己的字典里淘汰掉"经理"一词,原因在于它意味着"控制而不是帮助,复杂化而不是简单化,其行为更像统治者而不是加速器"。"一些经理们,"韦尔奇说,"把经营决策搞得毫无意义地复杂与琐碎。他们将管理等同于高深复杂,认为听起来比任何人都聪明就是管理。他们不懂得去激励人。我不喜欢'管理'所带有的特征——控制、抑制员工,使他们处于黑暗中,将他们的时间浪费在琐事和汇报上。紧盯住他们。你无法使员工产生自信。"

相反,韦尔奇非常钟爱"领导者"这个词。在他看来,领导应是那些可以清楚地告诉人们如何做得更好,并且能够描绘出远景构想来激发人们努力的那种人。管理者们互相交谈,互相留言。而领导者跟他们的员工谈话,与他们的员工交谈,使员工们脑海中充满美好的景象,使他们在自己都认为不可能的地位层次上行事,然后领导者们只要让开道路就行了。

正是在这些想法的指导下,韦尔奇向通用电气公司的官僚习气宣战了:简化管理部门,加强上下级沟通,变管理为激励、引导;要求公司所有的关键决策者了解所有同样关键的实际情况……在韦尔奇神奇剃刀的剪裁下,通用保持了连续20年的辉煌战绩。

经过数百年的岁月，奥卡姆剃刀已被历史磨得越来越利，它早已超越了原来狭窄的领域，具有了更广泛、丰富和深刻的意义。哈佛成功者提醒，别以为"奥卡姆剃刀"只放在天才的身边，其实它无处不在，只是等待人们把它拿起。

特里法则——承认错误不是丢人的事情

一个人最大的幸福就是缺点得到纠正和错误得到补救。

——哈佛箴言

特里法则的提出者是美国田纳西银行前总经理特里，他认为：正视错误，你会得到错误以外的东西。

人不是神，都有自己的缺点，谁都难免会犯一些错误。当我们犯错误的时候，脑子里往往会出现想隐瞒自己错误的想法，害怕承认之后会很没面子。

哈佛心理学家说，承认错误并不是什么丢脸的事。反之，在某种意义上，它还是一种具有"英雄色彩"的行为。因为承认错误越及时，事情就越容易得到改正和补救。而且，由自己主动认错也比别人提出批评后再认错更能得到别人的谅解。更何况一次错误并不会毁掉你今后的道路，真正会阻碍的，是那不愿承担责任、不愿改正错误的态度。

新墨西哥州阿布库克市的布鲁士·哈威，错误地核准付给一位请病假的员工全薪。在他发现这项错误之后，就告诉这位员工并且解释说必须纠正这项错误，他要在下次薪水支票中减去多付的薪水金额。这位员工说这样做会给他带来严重的财务问题，因此请求分期扣回多领的薪水。但这样哈威必须先获得他上级的核准。"我知道这样做，"哈威说，"一定会使老板大为不满。在我考虑如何以更好的方式来处理这种状况的时候，我了解到这一切的混乱都是我的错误，我必须在老板面前承认。"

于是，哈威找到老板，说了详情并承认了错误。老板听后大发脾气，先是指责人事部门和会计部门的疏忽，后又责怪办公室的另外两个同事，这期间，哈威则反复解释说这是他的错误，不干别人的事。最后老板看着他说："好吧，这是你的错误。现在把这个问题解决吧。"这项错误改正过来，没有给任何人带来麻烦。自那以后，老板就更加看重哈威了。

一个人有勇气承认自己的错误也可以获得某种程度上的满足感。这不仅可以清除罪恶感和自我卫护的气氛，而且有助于解决这项错误所制造的问题。而勇于承认错误和失败也是企业生存的法则。

市场不是两军对垒的战场，企业不是军队。承认失败，企业可以避免更大的市场损失，可以重新调整自己的市场策略，也就可以重新取得市场机会。看看世界上那些百年企业的发展历史，它们没有一个没有经历过失败，重要的是他们都能够从失败中重新站起来。

在行业圈子里，流传着宝洁公司的这样一个规定：如果员工三个月没有犯错误，就会被视为不合格员工。对此，宝洁公司全球董事长白波先生的解释是：那说明他什么也没干。

美国管理学家彼得·德鲁克认为，无论是谁，做什么工作，都是在尝试错误中学会的，经历的错误越多，人越能进步，这是因为他能从中学到许多经验。德鲁克甚至认为，没有犯过错误的人，绝不能将他升为主管。

日本企业家本田先生也说："很多人都梦想成功。可是我认为，只有经过反复的失败和反思，才会达到成功。实际上，成功只代表你努力的1%，它只能是另外99%的被称为失败的东西的结晶。"

并不是失败了，它们就不会成功。正是因为勇于承认失败和错误，它们才能历经百年而不倒。达尔文曾经说过："任何改正都是进步。"敢于承认错误，汲取教训，我们就能以崭新的面貌去迎接更加激烈的竞争和挑战！

250定律——认真对待身边的每一个人

朋友再多也嫌少，敌人再少也嫌多。

——哈佛箴言

美国著名推销员乔·吉拉德在商战中总结出了250定律。

他认为，每一位顾客身后大概有250名亲朋好友。如果你赢得了一位顾客的好感，就意味着赢得了250个人的好感；反之，如果你得罪了一名顾客，也就意味着得罪了250名顾客。因为在每位顾客的背后，都大约站着250个人，这是与他关系比较亲近的人：同事、邻居、亲戚、朋友。如果一个推销员在年初的一个星期里见到50个人，其中只要有两个顾客对他的态度感到不愉快，到了年底，由于连锁影响就可能有500个人不愿意和这个推销员打交道。

由此，乔·吉拉德得出结论：在任何情况下，都尽量不要得罪任何一个顾客。

哈佛心理学家解释说,这个心理学定律告诉我们,我们必须认真对待身边的每一个人,因为每一个人的身后都有一个相对稳定的、数量不小的群体。善待一个人,就像拨亮一盏灯,能照亮一大片。

在乔·吉拉德的推销生涯中,他每天都将250定律牢记在心,抱定生意至上的态度,时刻控制着自己的情绪,不因顾客的刁难,或是不喜欢对方,或是自己心情不佳等原因而怠慢顾客。乔·吉拉德说:你赶走一个顾客,就等于赶走了潜在的250个顾客。

每个人的背后都有一个小群体,赢得了这一个人,就间接赢得了他背后的小团体。其实,250定律并不只是揭示了一个商业原理,更揭示了深刻的人生哲理。多一个朋友,就等于多了一群朋友。当失意沮丧落魄的时候,就有一群朋友来安慰你开导你帮助你,给你不止一个人的温暖,当初你点燃的一盏小小的友谊的灯,已经成为一盏明灯照出一大片明亮的灯光,照耀在你的人生之路上;而假如你多了一个敌人,就等于多了不只一分前进的障碍,他会在你人生得意的时候使阴招、下绊子,在你人生失意的时候嘲笑你、打击你,甚至对你落井下石。也许当初你只是不经意间得罪了一个人,你不小心滴在白衬衫上的一个小小的墨点,会经过人群效应的发散成为厚厚的乌云,笼罩在你人生的屋顶。

从另一个方面引申开去,我们要注重跟每一个人交往时的自我表现,不只是在于每一个人背后的那个小群体,更在于每个人对身边相关人士的潜在影响力。也许今天你在一块贫瘠的土地上插上一棵柳枝,明年就能收获一片荫凉。生命中的任何人都可能是你的贵人。世事变化无常,多为别人提供无私的服务和帮助,总能获得回报的。即使不是为了得到物质上的回报,做人也应该与人为善,起码可以得到心灵上的满足和精神上的宽慰,古人教导我们"勿以善小而不为"和今天所提倡的助人为乐,讲的就是这个道理。

霍桑效应——适当发泄对身心有益

积贮的烦闷忧郁就像一种势能，若不释放出来，就会像定时炸弹一样，埋伏在心间，一旦触发就会酿成大祸。

——哈佛箴言

霍桑效应来源于美国哈佛大学心理学系组织的一次有价值的实验。

芝加哥郊外有一家制造电话交换机的工厂。在这个工厂中，各种生活和娱乐设施都很完全，社会保险、养老金等其他方面做得也相当不错。但是让厂长感到困惑的是，工人们的生产积极性却并不高，产品销售也是成绩平平。为了找出原因，他向哈佛大学心理学系发出了求助申请。

哈佛大学心理学系在梅约教授的带领下，派出一个专家组对这件事展开了调查研究。经调查发现，厂家原来假定的对工厂生产效率会起极大作用的照明条件、休息时间以及薪水的高低与工作效率的相关性很低，而工厂内自由宽容的群体气氛、工人的工作情绪、责任感与工作效率的相关程度却较大。

在他们进行的这一系列试验研究中，有一个"谈话试验"。具体做法就是专家们找工人分别谈话，而且规定在谈话过程中，专家要耐心倾听工人们对厂方的各种意见和不满，并做详细记录。与此同时，专家对工人的不满意见不准反驳和训斥。这一实验研究的周期是两年。在这两年多的时间里，研究人员前前后后与工人谈话的总数达到了两万余人次。

结果他们发现：这两年以来，工厂的产量大幅度提高了。经过研究，他们给出了原因：工人长期以来对工厂的各个方面有诸多不满，但无处发泄。"谈话试验"使他们的这些不满都发泄出来了，从而感到心情舒畅，所以工作干劲高涨。这就是牢骚效应。由于这家工厂的名字叫霍桑，人们又将这种现象称为"霍桑效应"。

哈佛心理学家告诉我们：人有各种各样的愿望，但真正能达成的却为数不多。对那些未能实现的意愿和未能满足的情绪，千万不要压制，而是要让它们发泄出来，这对人的身心发展和工作效率的提高都非常有利。

在日本，很多企业都非常注重为员工提供发泄自己情绪的渠道。松下公司就是如此。

在松下，所有分厂里都设有吸烟室，里面摆放着一个极像松下幸之助本人的人体模型，工人可以在这里用竹竿随意抽打"他"，以发泄自己心中的不满。等他打够了，停手了，喇叭里会自动响起松下幸之助的声音，松下说："厂主自己还得努力工作，要使每个职工感觉到：我们的厂主工作真辛苦，我们理应帮助他！"正是这种方式使松下的员工自始至终都能保持高度的工作热情。

如果人们内心的苦闷和烦恼长期郁积在心头，就会成为沉重的精神负担，这种压力是会损害身心健康的。若及时加以发泄或倾诉，便可少生病，保健康。所谓将压抑"说"出体外，指的就是倾诉，就是将自己的喜怒哀乐，尤其是怒和哀，毫无保留地倾吐出来。这是一种感情的排遣，也是一种心理调节术。

现代医学研究也发现，癌症、高血压、心血管等疾病的诱发病因很大程度就是人的抑郁、焦虑等不良情绪在人体内长期积压。也就是说，当一个人被心理负担压得透不过气来的时候，就容易患上各种疾病。反之，如果有人真诚而又耐心地来听他的倾诉，他就会有一种如释重负、一吐为快的感觉。因为这种心理上的应激反应，可以使内心的感情和外界刺激取得平衡，这就是现代心理学中所说的"心理呕吐"。

哈佛心理专家指出，倾诉是缓解压抑情绪、释放压力非常有效的手段，还是防治各种疾病，尤其是防治心血管病和肿瘤的良药。善于倾诉的人，心理往往更健康。

巴纳姆效应——最难的是认识你自己

不论如何，你都得自己创造自己的小花园；不论好坏，你都得在生命交响乐中，演奏你自己的乐器。

——哈佛箴言

在我们日常的生活和工作中，由于长期以来所受的教导和固有的观念，遇见各种情况总是以别人为参照物，然后信誓旦旦下定决心，下次我一定做得和别人一样。但是，问题随之而来，当我们做得和别人一样时，是不是就代表是最好的呢？是不是就适合自己呢？

在日常生活中，我们既不可能每时每刻去反省自己，也不可能总把自己放在局外人的角度来观察自己，于是只能借助外界信息来认识自己。正因为如此，每个人在认识自我时很容易受外界信息的暗示，迷失在环境当中，受到周围信息的暗示，并把他人的言行作为自己行动的参照。

"巴纳姆效应"指的就是这样一种心理倾向，即人很容易受到来自外界信息的暗示，从而出现自我认知的偏差，认为一种笼统的、一般性的人格描述十分准确地揭示了自己的特点。

这个效应是以一位广受欢迎的著名魔术师巴纳姆来命名的，他曾经在评价自己的表演时说：他的节目之所以受欢迎，是因为节目中包含了每个人都喜欢的成分，所以每一分钟都有人上当受骗。

这项研究告诉我们，每个人都很容易相信一个笼统的、一般性的人格描述特别适合自己。即使这种描述十分空洞，他仍然认为反映了自己的人格面貌。曾经有心理学家用一段笼统的、几乎适用于任何人的话让大学生判断是否适合自己，结果，绝大多数大学生认为这段话将自己刻画得细致入微、准确至极。

在这个世界上，每个人都是独一无二的。因此，我们有理由保持自己的本色。我们不该再浪费任何一秒钟，去忧虑我们与其他人不同这一点。应该尽量利用大自然所赋予你的一切。

哈佛的教授说过，不论如何，你都得自己创造自己的小花园；不论好坏，你都得在生命交响乐中，演奏你自己的乐器。

伊笛丝·阿雷德太太从小就特别敏感而且腼腆，她的身体一直比较胖，而她的一张脸使她看起来比实际还胖得多。伊笛丝有一个很古板的母亲，她认为把衣服弄得漂亮是一件很愚蠢的事情。她总是对伊笛丝说："宽衣好穿，窄衣易破。"而母亲总照这句话来帮伊笛丝穿衣服。所以，伊笛丝从来不和其他的孩子一起做室外活动，甚至不上体育课。她非常害羞，觉得自己和其他的人都"不一样"，完全不讨人喜欢。

长大之后，伊笛丝嫁给了一个比她大好几岁的男人，可是她并没有改变。她丈夫一家人都很好，也充满了自信。伊笛丝尽最大的努力要像他们一样，可是她做不到。他们为了使伊笛丝能开朗地做每一件事情，都尽量不纠正她的自卑心理，这样反而使她更加退缩。伊笛丝变得紧张不安，躲开了所有的朋友，情形坏到她甚至怕听到门铃响。伊笛丝知道自己是一个失败者，但又怕她的丈夫会发现这一点。所以每次他们出现在公共场合的时候，她都假装很开心，结果常常又做得太过分。事后伊笛丝会为此难过好几天。最后不开心到使她觉得再活下去也没有什么意思了，伊笛丝开始想自杀。

后来，一句随口说出的话，改变了伊笛丝的整个生活。有一天，她的婆婆正在谈她怎么教养她的几个孩子，她说："不管事情怎么样，我总会要求他们保持本色。"

"保持本色！"就是这句话！在那一刹那间，伊笛丝才发现自己之所以那么苦恼，就是因为她一直试着让自己迎合一个并不适合自己的模式。

伊笛丝后来回忆道："在一夜之间我整个改变了。"

"我开始保持本色。我试着研究我自己的个性、自己的优点，尽我所能去学色彩和服饰知识，尽量以适合我的方式去穿衣服。主动地去交朋友。我参加了一个社团组织——起先是一个很小的社团——他们让我参加活动，这把我吓坏了。可是我每一次发言，都能增加一点勇气。今天我所有的快乐，是我以前从来没有想到可能得到的。在教育我自己的孩子时，我也总是把我从痛苦的经验中所学到的结果教给他们：'不管事情怎么样，总要保持本色。'"

一名教授在给哈佛毕业生上的最后一课上，讲了这样一个故事：

斯迪克毕业要找工作了，他的叔叔给他讲了一个故事。有一个小男孩住在费城，他家里很穷，于是他走进一家银行，问道："劳驾，先生，您需要帮手吗？"

一位仪表堂堂的人回答说："不，孩子，我不需要。"

男孩满腹愁肠，大颗大颗的泪珠滚到腮边。他一声不吭，沿着银行的大理石台阶跳下来。那个银行家用很优雅的姿势弯腰躲到了门后,因为他觉得那个孩子想用石头掷他。可是,孩子抬起一件什么东西,把它揣进破烂的夹克里去了。

"过来,小孩儿。"孩子真的过去了。银行家问道:"瞧,你捡到什么啦?"男孩回答:"一个别针。"银行家说:"你是个乖孩子吗?"他回答说:"是的。"银行家又问:"你相信主吗?——我是说,你上不上主日学校?"他回答说:"上的。"

接着,银行家取来一支纯金钢笔,用纯净的墨水在纸上写了个"St. Peter"的字眼,问小孩是什么意思。孩子说:"咸彼得(小男孩把英文Saint的缩写St,误认为是salt,即咸的意思)。"银行家告诉他这个字是"圣彼得",孩子说了声:"噢!"

随后,银行家让小男孩做他的合伙人,把投资的一半利润分给了他,后来这个小男孩娶了银行家的女儿。现在呢,银行家的一切全是他的了,全归他自己了。

斯迪克觉得这个故事对他很有启发。于是,他花了6个星期在一家银行的门口找别针。他盼着哪个银行家会把自己叫进去,问:"小孩子,你是个乖孩子吗?"

他就会回答:"是呀。"

银行家要是问:"'St. John'是什么意思?"

他就说:"是'咸约翰'。"

可是,随后斯迪克发现银行家并不急于找合伙人,而且他想他恐怕没有女儿有个儿子。终于有一天一位银行家问斯迪克说:"小孩子,你捡什么呀?"

斯迪克非常谦恭有礼地说:"别针呀。"

银行家说:"咱们来瞧瞧。"他接过了别针。

斯迪克摘下帽子,已经准备跟着他走进银行,变成他的合伙人,再娶他的女儿为妻子。

但是，他并没有受到邀请。银行家说："这些别针是银行的，要是再让我看见你在这儿溜达，我就放狗咬你！"

后来斯迪克走开了，那别针也被那吝啬的家伙没收了。他把自己的经历告诉他叔叔。

他叔叔笑了，接着，又给他讲了一个故事。

有个人养了一头驴和一只哈巴狗。驴子关在栏子里，虽然不愁温饱，却每天都要到磨坊里拉磨，到树林里去驮木材，工作挺繁重，而哈巴狗会演许多小把戏，颇得主人欢心，每次都能得到好吃的作奖励。驴子在工作之余难免有怨言，总抱怨命运对自己不公平。这一天机会终于来了，驴子扭断缰绳，跑进主人的房间，学哈巴狗那样围着主人跳舞，又蹬又踢，撞翻了桌子，碗碟摔得粉碎。驴子还觉得这样不够，它居然趴到主人身上去舔他的脸，把主人吓坏了，直喊救命。大家听到喊叫急忙赶到，驴子正等着奖赏，没想到反挨了一顿痛打，被重新关进栏子。

"无论驴子多么扭捏作态，都不及小狗可爱，甚至还不如从前的自己，毕竟这不是它所能干的行当。正如你喜欢看电影，却未必能当上演员；你爱踢足球，可是却参加不了联赛。"

教授说："学习哈佛精神，最重要的就是首先要认识到，无论如何，你就是你，你是独一无二的，不管是文科生还是理科生，你都必须保持自己的特色，每个人都有各自的特点，都有适合自己的工作，也有不适合自己的工作，看人家做得好，但自己未必能行，还不如专心致志干好自己的本行，让别人来羡慕你呢！记住，你永远是独一无二的。"

人要避免巴纳姆效应，客观真实地认识自己，有以下几种途径：

第一，要学会面对自己。

有这样一个测验人的情商的题目是：当一个落水昏迷的女人被救起

后，她醒来发现自己一丝不挂时，第一个反应会是捂住什么呢？答案是尖叫一声，然后用双手捂着自己的眼睛。

从心理学上来说，这是一个典型的不愿面对自己的例子，因为自己有"缺陷"或者自己认为是缺陷，就通过自欺的方法把它掩盖起来；这种掩盖实际上像上面的落水女人一样，是不敢正视自己。所以，要认识自己，首先必须要面对自己。

第二，培养一种收集信息的能力和敏锐的判断力。

很少有人天生就拥有明智和审慎的判断力，实际上，判断力是一种在收集信息的基础上进行决策的能力，信息对于判断的支持作用不容忽视，没有相当的信息收集，很难做出明智的决断。

有一个故事说，一个替人割草的孩子打电话给一位陈太太："您需不需要割草？"陈太太回答说："不需要了，我已经有了割草工。"这个孩子又说："我会帮您拔掉花丛中的杂草。"陈太太回答："我的割草工也做了。"这孩子又说："我会帮您把草与走道的四周割齐。"陈太太说："我请的那人也已经做了。谢谢你，我不需要新的割草工人。"孩子便挂了电话。孩子的哥哥在一旁问他："你不是就在陈太太那儿割草打工吗？为什么还要打这个电话？"孩子带着得意的笑容说："我只是想知道我做得有多好！"

这个孩子可以说十分擅长收集关于自己的信息，因此可以预见他的未来成长以及可能取得的成就，绝非一般小孩子能比的。

第三，以人为镜，通过与自己身边的人在各方面进行比较来认识自己。

在比较的时候，对象的选择至关重要。找不如自己的人作比较，或者拿自己的缺陷与别人的优点比，都有失偏颇。因此，要根据自己的实际情况，选择条件相当的人作比较，找出自己在群体中的合适位置，这样认识自己，才比较客观。

第四，通过重大事件，特别是重大的成功和失败认识自己。

重大事件中获得的经验和教训可以提供了解自己的个性、能力的信息，从中发现自己的长处和不足。越是在成功的巅峰和失败的低谷，就越能反映一个人的真实性格。无论是成功还是失败时，人都应坚持辩证的观点，不忽视长处和优点，也要认清短处与不足。

期待效应——清晰的期望胜过一切暗示

激励力量=效价期望值。

——哈佛箴言

一些人总是爱说"我期望最坏的事发生"或者"最坏的事还没有发生"，这些人是在故意引导最坏的事情的到来。而另一些人则常说："我期望事情变好一点。"他们就是在引导好的境遇进入他们的生活。

1968年，加州大学的罗森塔尔教授曾在加利福尼亚州一所学校做过一个关于期待效应的实验。

1968年罗森塔尔等人从小学1~6年级各随机抽取3个班作为实验组，对学生进行智力测验。根据测验结果来估计各班在这个学期里有哪些学生将有显著的进步，并从每班抽取20%成绩好的学生，将名单通报给任课教师。8个月后再进行测验，结果，估计将有显著进步的实验组学生与控制组学生相比，智商确实有所提高，一二年级学生更为明显；在品格方面也有类似的结果。这意味着教师对那些被寄期望的学生的态度可能与对别人的态度不同,致使自己的期待微妙地影响了学生。

为什么会出现这样的现象?哈佛心理学家指出,这种用直接或者间接的话语、行为,期待将美好的愿望变成现实的心理,在心理学上被称为"期待效应"。实验中,实验人员对校长的期待、校长对老师的期待,左右了教师对名单上学生能力的评价。而教师又通过这一心理活动,把这种积极的感情、语言、行为传递给学生,从而使学生因这种期望,萌生出自尊、自爱、自强、自信的力量,而成为优秀的学生。

哈佛心理学家说:心理学上的这种效应告诉人们,在人际交往以及为人处世中,要想有效地影响对方为自己办事情,就要对对方寄予某种期望,并且要将这种期望通过言语表达出来,让对方知道你有这方面的期望,这利于对方产生相应于这种期望的特性。无论是爱、称赞、感谢、期盼,还是其他,都应该说出来让对方知道。如果你认为只放在心里就行了,那就大错特错了。

在此,不妨看看卡耐基小时候的事情。

卡耐基很小的时候,他的亲生母亲就去世了。9岁那年,他的父亲给他找了一个继母。继母进门的第一天,父亲便指着卡耐基对继母说:"他,你可要小心了,他是邻居们公认的坏孩子,也许以后最令你头疼的事情,便是他惹出来的。"

本来卡耐基对继母就有想法,所以产生了抵抗情绪,但继母的举动却让他感到意外。她走到卡耐基面前,用手轻轻地抚摸着卡耐基的头部,然后笑着责怪他的父亲说:"你怎么能这么说呢?你看他现在多乖,应该是最聪明听话的孩子才对。"

继母的话让卡耐基感动万分,就连他母亲在世的时候也没有这样称赞过他。正因为这句话,在以后的日子中,他和继母相处得很好。

著名的心理学家杰丝·雷尔说："称赞对温暖人类的灵魂而言，就像阳光一样，没有它，我们就无法成长开花。但是我们大多数人，只是急于躲避别人的冷言冷语，而自己却吝于把赞许的温暖阳光给予别人。"生活需要像称赞一样直接明了地期望，因为这种期望更易于被人理解，也更易于让人接受。当人们完全地理解并接受了这样的称赞后，它就能转化成无穷无尽的力量，也能够促使人们向着这个方向发展。

俗话说："善意需要适当的行动表达。"事实就是这样，不只生活需要这样的期望，人更需要这种期望。因为当你试图影响对方做某件事情的时候，只有让对方完完全全地明白你的意思，并懂得你的期望，他才能更好地向着你期望的方向发展，也才能让你更好地影响对方。

20世纪初，有个爱尔兰家庭要移民美洲。他们非常贫穷，于是辛苦工作，省吃俭用3年多，终于存钱买了去美洲的船票。当他们被带到甲板下睡觉的地方时，全家人以为整个旅程中他们都得待在甲板下，而他们也确实是这么做的，仅吃着自己带上船的少量的饼干充饥。

过了一天又一天，他们以充满嫉妒的眼神看着头等舱的旅客在甲板上吃着奢华的大餐。最后，当船快要停靠爱丽丝岛的时候，这家其中一个小孩生病了，做父亲的去找服务人员并且说："先生，求求你，能不能赏我一些剩菜剩饭，好给我的小孩吃？"

服务人员回答说："为什么这么问？这些餐点你们也可以吃啊。"

"是吗？"这人回答说，"你的意思是说，整个航程中我们都可以吃得很好？"

"当然！"服务人员以惊讶的口吻说："在整个航程里，这些餐点也供应给你和你的家人，你的船票只是决定你睡觉的地方，并没有决定你的用餐地点。"

哈佛的"期望理论"里有一个公式,即:激励力量=效价期望值。这一理论的基本观点是:人们有了某种需要,就会产生一定动机,进而引起行为去实现目标。当目标还没有实现的时候,这种需要就会变成一种期望,而期望本身就是一种强大的力量。

多年前,有一位叫亨利的美国青年,他从小在孤儿院长大,身材矮小,长相也不好,讲话又带着浓重的乡土口音,所以一直很自卑,连最普通的工作都不敢去应聘。30岁生日的那一天,亨利站在河边徘徊,几乎没有活下去的勇气。这时,他的一位好友跑过来告诉他:"一份杂志里讲,拿破仑有一个私生子流落到美国,这个私生子有一个儿子,他的全部特点跟你一样:个子很矮,讲的也是一口带法国口音的英语。"

亨利半信半疑,但当他拿起那本杂志琢磨半天后,开始相信自己就是拿破仑的孙子。此后,亨利不再为贫穷、矮小、乡土口音等特征自卑,而是凭着"我是拿破仑孙子"的信念积极地面对生活。三年后,他成了一家大公司的董事长。后经查证,亨利并非拿破仑的孙子,但这已不重要了。在"我是拿破仑孙子"这个积极的暗示中,他改变了自己的人生。

正如大文豪高尔基所说:"一个人追求的目标越高,他的才力就发展得越快。"在自己的心目当中,你认为自己是什么,最终你就会成为什么。

第八课

应变力——社交的品位和境界

哈佛大学认为，应变能力既是一种态度也是一种作为，学会变通是社交的一种品位也是一种境界。

放低姿态，把事办成

学会在适当的时候保持适当的低姿态，这绝不是懦弱的表现，而是一种智慧。

——哈佛箴言

"万事不求人"只能显示你内心的脆弱，你求人帮助时表现低姿态只是向对方说明在这件事情上，你的实力不如对方，你需要对方的帮助，与你的尊严无关。

自古以来，凡成功者都懂得放低姿态。

如美国著名企业家艾科卡。

20世纪80年代，艾科卡由于遭人嫉妒和猜忌被老板免去了福特汽车公司总经理的职务。面对打击，他没有消沉，而是立志重新开创一片天地。为此，他拒绝了数家优秀企业的招聘，而接受当时濒临破产的克莱斯勒公司的邀请，担任总裁。

到任后，他首先实施以品质、生产力、市场占有率和营运利润等因素来决定红利政策。他规定，主管人员如果没有达到预期的目标就扣除25%的红利；他还规定在公司尚未走出困境之前，最高管理阶层各级人员减薪10%。

这一措施推出后，有人反对有人赞成。反对的人是公司的元老，他们认为这样做损害了他们的利益。艾科卡冷静地对待这一切，并且自己只拿一美元的象征性年薪，让反对他的人无话可说。

为了争取政府的贷款，艾科卡四处游说，找人求人，接受国会各小组委员的质询。有一次，由于过度劳累，他眩晕症发作，差点晕倒在国会大厦的走廊上。为了取得求人、办事的成功，艾科卡把这一切都忍了下来。结果，他领导着克莱斯勒公司走出困境，到1985年第一季，克莱斯勒公司获得的净利高达五亿美元。艾科卡也从此成为美国的传奇人物。艾科卡能取得巨大的成功，其秘诀就是"打死心头火"。

求人时最忌讳的就是为了面子问题而发怒。发怒的结果非但不能解决问题，反而得罪了能帮助你的人。求人遭遇刁难时，不妨先按耐住自傲的火气，拿出你的热忱，让别人看见你真正的需要，让他了解你的目的。张三拒绝你，不妨找李四，李四拒绝你，再找王五，总会找到肯帮助你的人。千万别为了一时的面子而忘了求人真正的目的是"解决问题"！

当然，我们提倡的放下面子，并不是让你弯腰驼背、低三下四，只是让你放下"不必要"的面子，大胆地跨出去。

有一位博士在找工作时被许多家公司拒之门外，万般无奈之下，博士决定换一种方法试试。他收起所有的学位证明，以一种最低的身份再去求职。不久，他被一家电脑公司录用，做一名最基层的程序录入员。没过多久，上司就发现他才华出众，竟然能指出程序中的错误，这绝非一般录入员所能比的。这时，博士亮出了自己的学士证书，于是老板给他调换了一个与本科毕业生对口的工作。过了一段时间，老板发现他在新的岗位上也游刃有余，能提出不少有价值的建议，这比一般大学生高明，这时博士亮出自己的硕士身份，于是老板又提升了他。有了前两次的事情，老板也比较注意观察他，发现他比硕士毕业生的水平还要高，就再次找他谈话。这时博士拿出自己的博士学位证明，并说明了自己这样做的原因，老板恍然大悟，毫不犹豫地重用了他。

　　在社会对人低头，有时是你的生活方式和工作方式中的一种。它与你的道德和气节毫无关系。当你遇到一个很矮的门的时候，你昂首挺胸地过去，肯定要给脑袋碰出一个包来，明智的做法只能是弯一下腰，低一下头，让很矮的门显得比你高就成了。

　　你需要找工作，需要调动工作，需要开拓更广泛的人际关系。在这所有的活动之中，你可能都处于一种求人的地位，处于一种必须表现低姿态的状态之中。

　　在这种情况下，必须首先学会低姿态。许多人放低姿态后就老想着别人可能会很傲慢地对待你，会轻视你，会对你视而不见，甚至会侮辱你，把你赶出门去……这样你就退缩了，就丧失了勇气。正因为如此，你可能就打出了"万事不求人"的招牌，宁可忍受不办事的后果，忍受不办事的麻烦，把事情搁置起来，也不去求助于人。这说明你是脆弱的；你怎样看待你自己是一回事，别人怎样看待你是另一回事。你应该把别人怎样看待你和你自身的价值分开。

　　当你求助于人的时候，你内心的精神支柱应是你内在的尊严，而内在的尊严是完全摆脱他人对你的看法和评价而独立存在的。内在的尊严是你对你自己生命价值的肯定，它和别人的看法无关。

　　你去求助于别人，并不说明别人比你更有价值，或说明别人比你更有尊严。它只说明：在你要办的这件事上，别人由于种种原因比你有更多的主动权。因为主动权操之于人，所以你要表现低姿态，你表现低姿态只是向对方说明在这件事情上，你的实力不如对方，你需要对方的帮助，并不说明你的人格低贱。

　　你有你自己的优势，而在你实力不足的领域之中，你就需要求别人办事以解决自己的问题。

　　如果你想把事情做成，就得以一种低姿态出现在对方面前，表现得谦虚、平和、朴实、憨厚，甚至愚笨、毕恭毕敬，使对方感到自己受人尊重，比别人聪明，那么在谈事时他就会放松警惕。当事情明显有利于你的时候，对方也会不自觉地以一种高姿态来对待你。

其实，你以低姿态出现只是一种表象，是为了让对方从心理上感到一种满足，使他愿意合作。实际上越是表面谦虚的人，就越是非常聪明且工作认真。当你表现出大智若愚来，使对方陶醉在自我感觉良好的气氛中时，你就会受益匪浅，并感觉到已经完成了工作中很重要的那一环了。

你谦虚时显得他高大；你朴实和气，他就愿意与你相处，认为你亲切、可靠；你恭敬顺从，他的指挥欲得到满足，认为与你很合得来；你愚笨，他就愿意帮助你，这种心理状态对你非常有利。相反，你若以高姿态出现，处处高于对方，咄咄逼人，对方心里会感到紧张，做事就没谱了，而且会产生一种逆反心理。因此，为了把事情办成，不妨常以低姿态出现在别人面前。

哈佛大学提醒我们，学会在适当的时候保持适当的低姿态，这绝不是懦弱的表现，而是一种智慧。

向很多人求助，不如向某一个人求助

有时候向很多人求助，不如向某一个人求助，并强化他的责任。

——哈佛箴言

虽然说，"助人为快乐之本"，但并不是每个人在每种情况下，都愿意帮助别人，特别是当人们觉得自己"没有责任和义务"去帮助他人的时候，就很难主动去帮助他人。而什么情况下会导致人们认为自己"没有责任和义务"呢？那就是人多的情况下。

有一个大家耳熟能详的谚语叫作"一个和尚有水吃，两个和尚抬水吃，三个和尚没水吃"。就是这个情况的典型反映。你以为人多力量大，其实，有时候人多力量反而小，1+1<2的情况经常有，因为人们身上普遍都有惰性和依赖性，在大家一起工作的时候，这种现象就更加突出。比如，我们经常在找他人办事的时候，遭遇被多个人"踢皮球"的情况。对方你推我，我推他，结果没有一个人愿意为你解决问题。

售前部的小罗接到B地客户打来的电话，客户下了最后通牒，项目建议书若周五前还不能提交，则后果自负。小罗于是开始走售前支持流程，请相关部门协助。

首先小罗按售前支持照流程找到方案准备部，请他们写。但该部张经理马上抱怨说另一个大项目下周就要投标了，老总还亲自过问了这事，这几天全部门的人还搭上技术部加班加点地干，哪有空写。

小罗只好直接找技术部。毕竟项目的最终实施由技术部负责，而且现在技术部正做着同类项目在A地区的开发。但技术部经理说B客户合同还没签呢，应该是方案准备部的事，况且技术部现在也没空写。

见小罗一脸无奈的样子，经理指给他一条路，原先在项目组的小林现在有空，看看他是否愿意帮忙。

小罗心里一喜，赶紧去找。听明来意后，小林说，虽然我现在有空，但也帮不了你，因为写这份建议书涉及B地的许多资料，他一直没接触过，看过资料后再写要花至少一周时间。

可怜的小罗就在单位中被人踢来踢去，问题还是没解决，最后被老总骂了一顿。

哈佛心理学家分析，如果要求一个群体共同完成任务，群体中的每个个体的责任感就会较弱，面对困难、担当责任时往往会退缩。因为当一件事情可以做的人多了时，人们就会觉得并非一定要自己做。人们会想，"既然大家都可以做，凭什么要我做？""他能帮你，你去找他吧！""我还是少管闲事吧！"这种现象在心理学上叫作"责任分散效应"。

哈佛的哲学课有这样一个案例：

在美国郊外某公寓前，一位年轻女子在回家的路上遇刺。她绝望地喊叫："杀人啦！救命！救命！"听到喊叫声，附近住户亮起了灯，打开了窗户，凶手吓跑了。当一切恢复平静后，凶手又返回作案。当她又叫喊时，附近的住户又打开了电灯，凶手又逃跑了。当她认为已经无事，回到自己家楼上时，凶手又一次出现在她面前，将她杀死在楼梯上。在这个过程中，尽管她大声呼救，她的邻居中至少有38位到窗前观看，但无一人来救她，甚至无一人打电话报警。

哈佛专家认为，当一个人遇到紧急情境时，如果只有他一个人能提供帮助，他会清醒地意识到自己的责任。而如果有许多人在场的话，帮助求助者的责任就由大家来分担，造成责任分散，每个人分担的责任很少，从而产生一种"我还是少管闲事""会有人救她的"的心理。所以，请求别人帮忙的时候，一定要考虑到他人是否有责任分散的心理。而要打破这种心理，就要让对方感到帮助你是他一个人的责任。

小李在下班回家的路上正好遇到一个小孩子落水了，很多人在围观，却没有一个人跳下水去施救。小李非常着急，他想救人，自己却是个旱鸭子。怎么办呢？

这个时候，他看到围观的人中有一个他认识的人——小区外面报刊亭的杨老板。他曾听说杨老板经常游泳。于是，他大声朝杨老板喊道："杨老板，还不赶快救人啊！"随着小李的喊声，大家的目光都投向了杨老板。

杨老板马上不好意思了，觉得自己再不救人，就会受到众人的唾骂，于是，赶紧跳下水去。

所以，有时候向很多人求助，不如向某一个人求助，并强化他的责任，也就是说认定了某一个人能帮助你，而不要给太多人踢皮球的机会。

施恩是回报率最高的"长线投资"

提前给他人好处，你才能在需要时获得他人的帮助。

——哈佛箴言

心理学上认为，当人们给予别人好处后，别人心中会有负债感，并且希望能够通过同一方式或者其他方式偿还这份人情，这就是互惠原则的特点。

俗话说"鸦有反哺之义，羊知跪乳之恩"，动物尚且如此，更何况人呢？所以，如果你想驾驭别人，就要给人好处，让人对你有负债感，这样对方才会心服口服地跟着你走。

生活中的任何人都会不同程度地受到互惠心理影响，因此当别人对自己好后，自己会想尽办法对别人更加好；当别人给予自己帮助后，自己会自然地想着回报对方。所以如果人们能在平时适当、及时地向他人施予恩惠，那么他人也会心服口服地成为你事业上的助手，成功路上的帮手。

日本商人说："施恩是回报率最高的长线投资。"的确，当你在生活的道路上摸爬滚打时，当你为了事业奔波劳碌时，当你为了得到他人的支持而费尽心思时，不妨学会先给予对方所需，然后再向其索取你想要的东西，这时效果往往会事半功倍。

张凯是一家外企的白领，有着稳定的工作和不错的收入。他爱上了和他同一个学校毕业的李微。为了追求李微，送花、请吃饭、出去游玩……几乎一切追女孩子的办法都用上了，但仍然没有打动李微的芳心。后来张凯了解到李微是一个孝顺的女孩，生活中很多事情她都会征求妈妈的建议。于是，张凯借着坐车让座的机会，认识了李微的妈妈。经过一段时间熟悉后，张凯经常替李微妈妈做力所能及的事情，有时还会买些好吃的东西送给老人家，李妈妈对张凯很喜欢。当老人得知他没有女朋友后，有意地提到自己的女儿，还说要介绍他们认识。结果，张凯成功地追求到了李微。

也许有人认为张凯的做法是别有用心，但是我们无法否认张凯的方法很有效。他巧妙而灵活地借助心理学中的互惠原则，为自己赢得了爱情。从这一点来说，他是一个成功者。世界就是这样，只有你先施恩于人，别人才可能给你回报。施恩会让对方对你产生负债感，在负债心理的影响下，对方会心甘情愿地为你提供你所需要的。

我们都知道18世纪末19世纪初，在欧洲大陆上获得无数场胜利的军事家拿破仑。对于他的胜利，著名的成功学家戴尔·卡耐基认为，拿破仑懂得给予将士名誉与头衔，通过这样的方法激发将士内心的负债感，从而忠诚地为他效命，帮助他完成称霸世界的野心。

拿破仑的这种方法看似简单，但却非常有效。我们总是习惯羡慕他人的成功，却极少去研究他人成功的原因。纵观古今中外的成功者，无一不是熟悉心理战术的专家。

"知恩图报""感恩戴德""结草衔环"……这些传统词汇及道德心

理，无不规劝我们要学会"给人好处"的做人做事方法。只有当我们成功地掌握了这种做人做事方法，才能成为把握事情进退的掌控者。当然"给人好处"不可一次给尽，这样才能更长时间地维持他人对你的感恩之情。

《菜根谭》中有言："待人而留有余地，不尽之恩礼，则可以维系无厌之人心；御事而留有余地，不尽之才智，则可以提防不测之事变。"这是说，与人恩惠，应渐渐施出，要留有余地，人心贪婪，最不知足，余下的恩礼可以维系和保持与这些人的关系；做事情要留有余地，用一部分心力作善后考虑，这样可以提防意外变故。所以给他人好处时，要做得自然，不要太过直白暴露，更不能表现得太过功利，应掌握好分寸，在不知不觉中让对方感觉到你的好处，成为你的知己，进而愿意为你做你所想的一切事情。

多数人在接受了他人的恩惠后都会想方设法地还这笔人情债；提前给他人好处，你才能在需要时获得他人的帮助。

亏欠也可储藏，且"利息"很高

即使是很小的恩惠，如果实施得及时，对受惠的人也会产生很大的影响。

——哈佛箴言

中国有句古语："滴水之恩，当涌泉相报。"在这种文化的熏陶下，人们习惯于为对自己有恩的人或对自己好的人做事。一个人得到他人的帮助后，当对方有求于自己时，常会表现得心甘情愿。根据人们的这种普遍心理，在生活当中，如果你想有效地影响他人，让他人心甘情愿地爱护你、帮助你，就要学会适当地在他人心里储藏亏欠，让别人时刻感到有愧于你。

久而久之，这种亏欠会像银行里面的存款一样不断升值，有时甚至利息高涨，受益匪浅。

在商场上，众所周知的安利公司便是通过在顾客心中储藏亏欠心理获得高额利润的代表之一。

安利最初只是一个小型公司，但是经过几年的发展，迅速地成长为每年销售额达15亿美元的以销售家庭及个人护理产品为主的全球商业公司。为什么安利能够迅速发展并取得了如此骄人的业绩？这是因为安利公司懂得运用心理学中的互惠原则，通过让顾客免费试用"霸格"中的免费样品，对该产品产生负债感，从而影响他人购买该产品。"霸格"是安利商品中众多产品的组成总和。例如，家具抛光剂、清洁剂、洗发液、杀虫剂、玻璃清洁剂……当直销人员向客人推销该产品时，会将这些东西带到顾客家里，而在公司员工内部发行的《安利职业手册》中要求，无论客人对该产品是否感兴趣，都要在不收取任何费用的前提下，将"霸格"留在顾客家里"24、48或72"个小时，其间不能让顾客有任何思想负担，只要让顾客明白你仅仅是想让他试用这些商品。

事实证明，安利的做法是正确而科学的。心理学认为，在多数情况下，几乎没有人会拒绝他人善意的举动。营销人员将这些试用品让顾客免费使用后，等于在试用者心里施加了负债感。尽管在最初的时候，他们可能会对此产品不屑一顾，但是在试用期结束后，顾客往往会在负债感和优质产品的吸引下，对此产生浓厚的兴趣，进而心甘情愿地购买该商品。安利直销这一"索取—付出—再索取"的环节，集中体现了互惠原则的模式。

正如美国推销大王乔·坎多尔福所说的那样："推销工作98%是感情工作，2%是对产品的了解。"不仅仅在商业领域，在其他领域也同样如此。如果对方是一个能为他人考虑、重情义的人，当你向他给阳帮助或者好处时，绝不会像肉包子打狗一样有去无回，它往往会像弹簧中的弹力：你向其施加的力越大，向你弹回的力也会越大，有时甚至产生超出你想象的弹力。

所以，生活中不妨多向他人施予好处，让对方产生多余的负债感，进而达到有力影响他人的目的。

歌德有言："万物相形以生，众生互惠而成。"任何人都会在心理的负债感跟前变得软弱无力，这就是互惠原则中亏欠心理所带来的威慑力。

哈佛心理学认为，亏欠所带来的互惠影响力主要在于，无论在什么样的情况下，即使是一个陌生人，或者我们不熟悉的人，如果你在请求他为你办事情前，给他点小恩小惠，对方答应或者接受你请求的可能性将会大大提高，有时甚至会给你提供进一步的方便。

生活中，不妨多为他人做一点力所能及的事情，这会让对方产生亏欠心理，就在其想尽一切办法还回这份人情债时，你已经成了形势的主宰者，并能在很大程度上向对方施加影响。

把自己的姿态放低

在说服对方时，先拿出一些反面的、不好的例子，会增强你的说服力，更容易操纵对方。

——哈佛箴言

为人处世，难免有事业滑坡的时候，难免有不小心伤害他人的时候，难免有需要对他人进行批评指责的时候，在这些时候，假若处理不当，就会降低自己在他人心目中的形象。

哈佛专家提醒：如果巧妙运用心理学效应去影响对方心理，不但不会降低自己的形象，反而会获得他人好的评价。

当事业滑坡的时候——不妨预先把最糟糕的事态委婉地告诉别人，以后即使失败也可立于不败之地。

当不小心伤害他人的时候——道歉不妨超过应有的限度，这样不但可以显示出你的诚意，而且会收到化干戈为玉帛的效果。

某化妆品公司的经理因工作上的需要打算让家居市区的推销员小王去近郊区的分公司工作。在找小王谈话时，经理说："经公司研究，选择你去担任新的主要工作。有两个处所，你任选一个。一个是在远郊区的分公司，一个是在近郊区的分公司。"

小王虽然不愿离开已经十分熟悉的市区，但也只好在远郊区和近郊区中间选择一个稍好点的——近郊区。而小王的选择，恰恰与公司的意见不谋而合。而且经理并没有多费唇舌，小王也认为选择了一个理想的工作岗位，双方满意，问题解决。

　　在这个事例中，"远郊区"的呈现缩小了小王心中的"秤砣"，从而使小王顺遂地去接管近郊区工作。经理的这种做法虽然给人一种玩弄权谋的感觉，但若是从公司和小王的发展考虑，这种两全的做法也是应该倡导的。

　　生活中这样的例子还有很多。

　　某汽车销售公司的老李，每月都能卖出30辆以上汽车，深得公司经理的赏识。由于种种原因，老李预计这个月只能卖出10辆车。深懂人性奥妙的老李赶紧对经理说："由于经济不好，市场萧条，我估计这个月顶多卖出5辆车。"经理点了点头，对他的看法表示赞成。

　　没想到一个月结束，老李竟然卖了12辆汽车，公司经理对他大大夸奖一番。假若老李说本月可以卖15辆或者事先没有打招呼，结果只卖了12辆，那么公司经理会怎么认为呢？他会强烈地感受到老李失败了，不但不会夸奖，反而可能指责。在这个事例中，老李把最糟糕的情况——顶多卖5辆车，报告给经理，使得经理心中的"秤砣"变小了，因此当月业绩出来以后，他对老李的评价不但不会降低，反而提高了。

　　你看到，老李在这个月开始进行销售工作之前，先给经理泼了下冷水，等到实际业绩出来之后，老李给经理端了盆热水，经理自然喜出望外，对他赞赏有加。其实呢，车能卖多少老李心中有数，但是稍微用点冷热水效应，就成功地改变了经理的心情。

　　有的时候，我们到了一个陌生的环境中，别人或许对你有很高的期望，这个时候，为了避免出现让别人失望的情况，如果你没有把握能一下站住脚，不妨先把自己的姿态放到最低，这样，当你表现不错时，别人会对你格外满意。

　　蔡女士很少演讲，一次迫不得已，她对一群学者、评论家进行演说。她的开场白是："我是一个普普通通的家庭妇女，自然不会说出精彩绝伦的话语，因此恳请各位专家对我的发言不要笑话……"经她这么一说，听众心中的"秤砣"变小了，许多开始对她怀疑的人，也开始专心听讲了。她简单朴实的演说完成后，台下的学者、评论家们感到好极了，他们认为她的演说达到了极高的水平。对于蔡女士的成功演讲，他们报以热烈的掌声。

　　其实仔细思考，生活中有很多情况都可以使用这样的"先冷后热"效应，先把不好的情况告诉对方，然后再说出好的情况，对方就会感到高兴，化消极情绪为积极情绪了。

对他人表示感谢，强化他的成就感

　　维持良好的人际关系，表达心意最简洁的一句话就是"谢谢"。诚恳地说声"谢谢"会带给对方最大的满足和感动。

——哈佛箴言

　　"谢谢"虽然是一句简单的话语，但只要你运用得当，就会给别人留下深刻的印象。每个人都希望为他人所付出的努力获得预期的结果和反馈信息，特别是当他人为你提供了某些帮助的时候，尽管对方口头上说"这是应该的""这没什么大不了""不值得一提"，但是，在他人的内心，是希望得到你的重视和认可的。你的一句话、一个笑脸都能让他人备受鼓舞，而再接再厉地走下去。

哈佛大学的心理学家和行为科学家斯金纳认为，人或动物为了达到某种目的，会采取一定的行为作用于环境。当这种行为的后果对他有利时，这种行为就会在以后重复出现；当这种行为的后果对他不利时，这种行为就会减弱或消失。人们可以用这种正强化或负强化的办法来影响行为的后果，从而修正其行为，这就是强化理论。

所谓强化，从其最基本的形式来讲，指的是对一种行为的肯定或否定的后果（报酬或惩罚），它至少在一定程度上可以决定这种行为在今后是否会重复发生。根据强化的性质和目的可把强化分为正强化和负强化。正强化就是鼓励那些自己需要的行为，从而加强这种行为；负强化就是惩罚那些与自己的预期不相容的行为，从而削弱这种行为。

在社交上，正强化的方法包括认可、表扬、给予物质反馈等；而负强化的维持良好的人际关系，表达心意最简洁的一句话就是"谢谢"。诚恳地说声"谢谢"会带给对方最大的满足和感动。方法包括批评、蔑视、远离他人等。

别人给你帮忙后，你要及时地表达自己的感激之情，你的感激之情表达得越充分、越及时，他们就越会觉得自己的付出是有意义的。否则，他们会认为自己"费力不讨好""白帮忙"了，下次当你有困难的时候，所有的人都可能离你远去。

虽然那些热心的人总是宣称自己帮忙不为什么，是应该做的。但是他们的内心总是希望自己的付出得到一定的回应。这种回应不一定是物质上的同等回报，精神上的奖励会让他们产生同样的满足感，让他们觉得他们给你提供的这个方便是值得的、有价值的。

我们平时说谢谢时，通常是基于礼貌说的，但是你想要表达一种内心的感激，只说谢谢两个字是远远不够的。你必须配合你的表情和声调，让对方感觉到"他在跟我道谢呢！"所以，在道谢的时候，最好加上对方的名字"谢谢你呀，小张！""李经理，非常感谢你！"当你加入了对方的名字，就等于把对方拉进了被感谢的角色。

另外，在表示感谢的时候，如果你能把感谢事由加入感谢的话中，对方的感觉会更胜一筹，你也会显得更加的诚恳。比如，"真谢谢你呀，小张，要不是你我找不到这么好的工作！""谢谢你帮我改了论文，让我的论文获得了第一。""要不是你帮我渡过难关，我还不知道怎么应付这次失业呢！"这样的话，会更加强化对方的重要性。他会感觉到，你是真的记得他的好。

别人帮了你的忙，你表示感谢是理所当然的，但是如果别人答应帮你，尽力了但却没有帮上忙，你该如何呢？抱怨别人不该答应你？指责别人没有为你多尽力？或者是什么也不说，就当没发生过？

不管怎么样，只要对方付出了努力，无论结果如何，你都要表示感谢，否则就会让人认为你是个势利的人。在这种情况下，你可以说："我知道你已经尽力了，谢谢你！""真不好意思，让你为难了！""这件事的难度确实太大了，我自己再想其他办法，但还是非常感谢你的帮忙！"

对方听到这样的话，心里肯定会感到很舒服，甚至为没有帮上你的忙而感到愧疚，下次你遇到困难时，他们一定会尽最大的努力来帮你，以"弥补"这次对你的"亏欠"。

记住，对帮助过你的人要记得说声"谢谢"，为别人对你的启发教诲要说"谢谢"，即使只是一些微不足道的小事，也要表达你的感激之情。

转个方向，身后会有更好的路等着你

只会使用锤子的人，总是把一切问题都看成钉子。

——哈佛箴言

在工作中遇到问题时，一定要努力思考：在常规之外，是否还存在别的方法？是否还有别的解决问题的途径？只有懂得变通，才不会被困难的大山压倒，才能发现更多、更好、更便捷的路子。

《像希拉里那样工作，像赖斯那样成功》一书中写道："美国人并不害怕'能力出众的律师希拉里'。美国最好的法律学校每年能培养出大量有能力的女律师。人们不能容忍的是希拉里的政治野心、对权力的露骨欲望，以及享受过程的态度。人们恐惧的不是希拉里的能力，而是她的野心。"正是由于人们对于这位传奇女性的褒贬不一的态度，给本来就格外引人关注的2008年美国大选又增添了许多趣味性。

人们认为，希拉里对于权力的欲望已经到达了极点，她是不达目的不罢休的人。但是谁也没有想到，在大选竞争进行得如火如荼的时候，她选择了放弃对于总统的竞争，而转向竞选副总统的位置。无疑，希拉里是聪明的。她深知总统竞选的残酷，也深深地了解对手奥巴马的强大，所以，在没有任何胜算的前提下，与其与对手硬碰硬，不如转身为自己另谋更好的出路。

希拉里是成功的，虽然与总统的宝座无缘，但是当奥巴马宣布任命其为新政府的国务卿的时候，希拉里的脸上是带着微笑的。她用自己的亲身实践向世人证明了这样一个道理：处于不利位置的时候，如果没有办法突破，那么不妨转个方向，给自己找条全新的出路。

其实，生活中我们常常会碰到这样的事情，你执着于一件事情，但是你的胜算并不大。那么，与其在不可能的事情面前耗费时间，不如转过身来，因为你的身后可能会有更好的路在等着你。

多年前，美国的可口可乐和百事可乐曾经先后走向台湾市场。因可口可乐抢先登陆宝岛，率先出尽风头。后进者百事可乐面对已经具有市场基础的竞争对手，虽施行营销战略倍觉艰辛，但还是勇者无畏。一方为争夺市场，一方为保卫市场，顷刻间掀起了一场极为精彩的商战。

百事可乐的行销策略以及推销活动，虽然较富于机动性，却始终无法超越可口可乐全球的优势，因此一直屈居下风，被动的劣势似乎难以扭转。然而，可口可乐在"唯有可口可乐，方是真正的可乐"的口号下，一举乘胜追击，大有逼迫百事可乐"鸣金收兵"的气势，使得百事可乐一时间士气低落，销售陷入低谷。

百事可乐高层分析市场，了解到正面攻击不可能在短期内有效，于是便准备悄悄地开辟另一个饮料市场来抢占可口可乐市场。在极端机密周详的策划下，第二年初春，百事可乐以迅雷不及掩耳之势推出了美年达汽水，受到大批消费者的喜爱。由于百事可乐能从较低层次的广大消费者入手，市场价位又极具吸引力，加上美年达饮料整体行销策略完善，尽管只是百事可乐公司的副品牌，却一时占领了饮料市场的半壁江山。反观可口可乐，因为陶醉于可乐大战后的胜利，忽略了新产品的开发，等到美年达饮料一夜间全面上市后，可口可乐却不知所措，结果短期内在市场中败北了。

有人曾说过："如果一个美国人想欧洲化，他必须去买一辆奔驰；但如果一个人想美国化，那他只需抽万宝路，穿牛仔服就可以了。"可见，"万宝路"已不仅仅是一种产品，它已成为美国文化的一部分。但是，"万宝路"的发迹史并非是一帆风顺的，它的成功跟公司员工善于变通是分不开的。

美国的20世纪20年代被称作"迷惘的时代"。经过第一次世界大战的冲击，许多青年自认为受到了战争的创伤，只有拼命享乐才能冲淡创伤。于是，他们或是在爵士乐中尖声大叫，或是沉浸在香烟的烟雾缭绕之中。无论男女，都会悠闲地衔着一支香烟。女性是爱美的天使，她们抱怨白色的烟嘴常常沾染了她们的唇膏，她们希望能有一种适合女性吸的香烟。于是，"万宝路"问世了。

"万宝路（MARLBORO)"其实是"Man Always Remember Love Because Of Romance Only"的缩写，意为"只是因为浪漫，男人总忘不了爱"。其广告口号是"像五月的天气一样温和"，意在争当女性烟民的"红颜知己"。然而，"万宝路"从1924年问世，一直到20世纪50年代，始终默默无闻。它颇具温柔气质的广告形象并没有给淑女们留下多么深刻的印象。回应生产商热切期待的，只是现实中尴尬的冷场。

经过沉痛的反思之后，生产商意识到变通的重要性，将万宝路香烟重新定位，改变为男子汉香烟，大胆地改变了万宝路形象，采用当时首创的平开盒盖技术，以象征力量的红色作为外盒的主要色彩。在广告中着力强调万宝路的男子汉形象：目光深沉、皮肤粗糙、浑身散发着粗犷和原始气息，有着豪迈气概。他的袖管高高卷起，露出多毛的手臂，手指间总是夹着一支冉冉冒烟的万宝路香烟，跨着一匹雄壮的高头大马驰骋在辽阔的美国西部大草原。

这个广告于1954年问世后，立刻给生产商带来了巨大的财富。仅

1954年至1955年间，万宝路销售量就提高了3倍，一跃成为全美第十大香烟品牌。1968年，其市场占有率升至全美同行的第二位。从1955至1983年，生产商的年平均销售额增长率为247%，这个速度在"二战"后的美国轻工业中首屈一指。万宝路成为世界500强的重要原因在于其员工和领导善于变通。而思路决定出路，稍加变通，便有了更多通向成功的路子。

其实，成功并不是只有向前冲，向后退一样能够实现目标。但是，不少人不能真正放下眼前的目标，而转向身后，即使往前冲会撞个头破血流也要坚持。生活不是玉，也不是瓦，所以不需要我们"宁为玉碎，不为瓦全"。退出不是消极的面对，也不是向生活认输，而是找到另一个突破口，征服生活。

在身处困境的时候，不要抱着视死如归的念头，而是冷静下来，看看后方是不是有更好的出路。

每一条路都能通往成功，唯一不同的只是这些路的艰险情况。正如"条条大路通罗马"一样，在不同的行业里，用不同的奋斗方式，都能使我们获得成功。"此路不通"的情况只存在于路标牌中，因为通过绕行，我们最终仍可以殊途同归。

20世纪50年代，美国西部是一片充满传奇和财富的土地。随着大量黄金被发现，人们怀着淘金的梦想，纷纷踏上了西部荒无人烟的土地。

身为犹太人的李维·施特劳斯从小就相当聪明，同所有犹太人一样，他不安分、爱冒险，而且他继承了犹太人善于经商的本事。他在20多岁时便放弃了稳定工作，加入淘金的洪流中。

长途跋涉来到西部后，李维发现淘金的美梦并不现实。荒凉的西部早已涌满了淘金的人群，到处都是他们的帐篷。

发财的人遍地都是，到底能不能分到一杯羹呢？他心里没底，但他不想就这样放弃，也不想这样漫无边际地等待，心中渴望尽快成功的李维开始思考自己的成功之路。

一次偶然的机会，李维发现自己所在的淘金地点离市中心很远，每一次淘金者买东西都十分不方便。于是他决定放弃淘金这种遥不可及的发财梦，然后开了一家日用品商店，试图以另一种方式获得成功。

事实证明李维是对的。他的小商店生意越来越好，淘金者们"金闪闪的收获"源源不断地流向了李维的小商店。但是他的小商店里有一样东西的销路始终不好，那就是帆布。按理来说，淘金的人都住在帐篷里，最需要的就是帆布。但是淘金者大多都自己带帐篷了，因而帆布的生意就非常冷淡。

一天，李维向一名淘金者推销帆布，工人摇摇头说："我不需要帐篷，我需要向帐篷一样坚硬耐磨的裤子。"李维很好奇，追问原因，工人告诉他，淘金的工作很艰苦，衣服经常要与石头、砂土摩擦，一般的裤子都不耐磨，几天就破了。这些话提醒了李维，他想这些帆布如果做成裤子，肯定很受大家的欢迎。于是他仿效美国西部一位牧工的设计制作工装裤。1853年，第一条日后被称为"牛仔裤"的帆布工装裤诞生了。他向矿工推销，不出所料，这种款式和布料的裤子很受工人喜欢，大量的订单随之而来。李维的事业也由此起步。

在这场全民淘金的竞争中，每个人都想发财，一些人利用淘金获得了成功，而另一些人看到了别的发财机会，同样也获得了成功。因此，不是没有成功的路，关键在于要有洞悉商机的头脑。

其实"此路不通彼路通"是在告诉我们要勇敢面对"不通"的窘境，然后运用发散思维寻找另一条成功的捷径。

每个人的思维方式都不相同，也不是每个人在面对"不通"的窘境时都能处之泰然、游刃有余。但如果我们掌握了一些方式方法，便能轻松地解决这些问题。

首先，我们要避免此路不通的情况发生。要承认这些变化，事前进行详细的思考与分析，找出前进道路中可能会出现的所有问题，并做好准备；发生变化后，不能慌张，也不要一味地守株待兔。办法是死的，但人是活的，我们要适应变化，适时调整方案，坚持不懈，朝着成功勇敢迈步。

其次，要开拓思维能力，提高处事应变的能力。变相思维、逆向思维、多向思维等，我们应锻炼自己的思维头脑，从中找到最适合的处理办法。思维就像一台机器，使用多了就会熟能生巧，经常从不同角度全方位地思考问题，处理问题的方法自然就会很多，也就能从中找到最好的一条捷径。

哈佛大学提醒，我们可以在一些充满智慧的书籍里寻找和积累处理问题的方法，多提问多参考，需要的时候通过联想就会有灵感出现。熟能生巧，遇到类似的难题时就不易担惊受怕。还要积极参与辩论，思想在辩论中产生，思维在辩论中发展。在辩论中锻炼并提高自己的思维能力和反应能力。

第九课

提升情商，巧妙应对社交关系

哈佛大学的心理学家认为，智商的后天可塑性是极小的，而情商的后天可塑性是很高的，一个人完全可以通过自身的努力成为一个情商高手，到达成功的彼岸。

把力量集中于自己的专长

在人生的坐标系里，一个人如果站错了位置，用他的短处而不是长处来谋生的话，那会异常艰难甚至可怕，他可能会在永久的卑微和失意中沉沦。

——哈佛箴言

哈佛大学的一份报纸曾刊登过这样一篇关于日本企业励志图强的文章，文章详细介绍了在经济疲软期，许多日本著名公司改变经营策略，把精力集中到最受欢迎的特长产品上，结果生存了下来。

"把力量集中于自己的专长，就可以生存下去，甚至更强大！"

同理，在社交中，你也必须拥有自己的核心优势，才能充分发挥个人所长，找到正确的人生方向。

有的人误以为只要通过学习，每个人都可以胜任很多事，而每个人的弱点是他成长空间最大的地方。为此，他们总是不断投入时间和精力，希望将自己的弱点提升为优势，虽然有些人偶然成功了，但大部分人并没取得理想的结果，甚至与实际情况正好背道而驰，因为他把时间都花费在弥补自己的弱点上，使自己的优势也不再明显。

建辉大学毕业后在一家出版社当编辑，编了几本书，但书的社会反响并不大，发行量也勉强保本。在这期间，他还被合作者"涮"过两回，筹划了几个月，前期也有了一些投入，但最后出书计划流产。所以，原本话不多的建辉变得越来越内向，不愿意与人沟通，不相信别人，事无巨细都要自己去做。在一些具体工作的细节上又特别苛刻，对自己对别人都一样，变成了一个"绝对的完美主义者"。如此一来，同事们都不太愿意与他共事，建辉感到十分苦恼。

这时，领导看出了他的问题，于是主动找建辉谈话，并帮助他分析：建辉的优点在于天资聪慧，对人对事充满了好奇心，对人对己都有很高的要求，是个完美主义者。所以，他不适合从事需要较多与人沟通的工作，更适合做一些创意性的工作。

经过领导这番点拨，建辉心里像是点亮了一盏灯。其实，他从小就对美术感兴趣，很有绘画天赋，阴差阳错才当上了文字编辑……于是，建辉利用业余时间参加了一些相关的技能培训。后来，他就被领导调到了设计部做美编，凭着扎实的美术功底和苛求自己的精神，他设计的作品总是能得到客户的赞扬。不出半年，他就被升为设计部主管了。

其实我们每个人所拥有的才能是独特的，每个人的优点才是自己成长空间最大的地方。人之所以成功，不是因为他弥补了每一个弱点，而是因为他最大限度地发挥了自己的优点。

经营自己的长处，首先要善于发现自己的优势，大多数人都以为清楚自己的长处何在，其实不然。很多人总是拿自己的缺点去和别人的长处相比，比来比去，自信心没有了，不是觉得自己处处不如人，就是觉得自己一无所长，然后就会说："我实在是太平凡了，根本没有什么特殊才能。"其实这种想法是不正确的。

发现自己的长处不易，经营长处更难。因为经营长处需要放弃一些东西，要勇于拒绝眼前利益的诱惑。专心来做自己最拿手的事情，不仅要一心一意，还要不跟风，不动摇；常常有一些人这山望着那山高，因为贪图安逸，放弃自己的专长，去从事一些安逸的工作，殊不知这样做最后只会是一事无成。

杜琪峰毕业4年了，他很多大学同学都已经在各个领域里取得了相当好的成绩，可他却一直没能找到一份满意的工作，因为他总是觉得自己做什么都行，所以只要是热门的职业，他都想去"凑个热闹"。IT业刚兴起时，他做电脑设计，网络兴起时又跳槽去做网络，当发现网络是个泡沫时，又去做保险……他认为这就是紧跟潮流的一种时尚。

有一次大学时的校友问他："杜琪峰，你在大学里是学什么的？"他以为好友健忘，回答说："跟你一样，学计算机的。"好友又问道："那你觉得自己最擅长干什么？"杜琪峰想了想，说："还是计算机。"好友笑道："那你不做自己的专业，跟着别人瞎起哄干什么？你在和别人抢不属于自己的面包，能抢到手吗？属于自己的专长你却放着不用。"杜琪峰恍然大悟，重新应聘进了一家计算机公司。一年后，同学聚会，杜琪峰神采奕奕，风度翩翩，因为他在自己最擅长的工作上做出了相当不错的成绩，受到上司的赞赏和同事的尊敬，同时也在工作中感受到了不断的快乐和满足。

所以，如果你想在职场中获得成功的话，就不能脱离自己最擅长的方向。

在工作中，你最擅长的事情可以是一种手艺、一种技能、一门学问，或者只是直觉。

你可以是厨师、木匠、裁缝、鞋匠、修理工……

也可以是工程师、设计师、作家、"企业家"或"领导者"……

要发现自己的优势所在，我们就要学会正确地认识自己、分析自己。

有一个简单的方法，可以帮助你。

比如，当你看到别人做某事时，你是否有内心"痒痒"的召唤感——"我也要做这件事。"

当你完成一件事时,你是否有一种满足感,或欣慰感?

你在做某类事情时非常快,无师自通——这是一个重要信号。当你做某事时,你不是一步一步做,而是行云流水般,一气呵成,这也是一个信号。

很多人会发现自已在做很多事情时需要学习,需要不断地修正和演练;而在做另外一些事情时,却几乎是自发的,不用想就本能地完成这件事,这其实就是你的优势。

智商使人得以被录用,情商使人得以提升

智商使人得以被录用,而情商使人得以提升。

——哈佛箴言

职场情商的高低已经渐渐成为企业招聘人才的指标之一。

哈佛大学的专家认为,职场中的情商,要懂"分""合","分"是要首先把情绪和工作分开,需要"合"的时候,我们把情绪和理智结合起来,让情绪成为职场上工作的动力。

情商其实很简单,处理好情绪与理智的分与合,一方面不要让坏情绪影响了理智,另一方面又能让好情绪成为我们做事的动力,处理好这两个问题,你就是一个情商高手。

小李在一家规模不大的股份制公司工作,由于年轻、肯吃苦、专业知识过硬,很快就成了公司不可或缺的技术骨干。老总和副总都先后对他表

示了栽培之意，小李高兴极了，觉得自己的成绩得到了领导的肯定，前途一定不可限量。

不过公司小，老总和副总都喜欢越级交代工作。虽然任务压得人喘不过气来，但小李决定，宁可自己加班加点，也要做到两边都不得罪。

一段时间下来，小李疲惫不堪，但两位领导似乎并不怎么领情。他们开始热衷于教训他，常常是他前脚迈出总经理办公室，就被隔壁的副总经理叫去，换个角度、换套说辞再骂一遍。小李不知道，自己辛辛苦苦到底做错了什么。

后来，有老员工悄悄给他递话："你没看出来啊？老总和副总不合，站哪边，你自己看着办吧……"

小李蒙了，刚从学校出来就遇到这种事情，还真不知道该怎么处理。

小李冥思苦想一整夜，终于想通了：受夹板气的日子太难受了，还是得找个靠山，得有人"罩"着。他想，当初是老总一眼相中他的，有知遇之恩，今后就跟着老总吧！

第二天，副总又过来交代任务，小李一反常态，冷冷地说："您今后有什么事，还是向我的主管交代吧，需要我做的，主管自然会分派。"副总一怔，恨恨地走了。

从此以后，小李的日子的确好过了很多。副总再想找他的碴，老总总会挺身而出为他说话，他终于体会到"大树底下好乘凉"的滋味了！

不过好景不长。这天下班，老总邀请"老总派"的全体人员去唱歌。大家正唱在兴头上，老总突然接过话筒说："今天，我递交了辞职报告。"大家顿时惊呆了。原来，老总在和副总的斗争中落马了，副总取得了董事会的支持，马上要"扶正"，而老总只能出局。

小李的结局自不待言，后来副总随便找了一个理由，将对公司有功的小李开除出局了。

也许很多人都有小李这样的经历，每家公司内部都不可避免地会出现内部纷争，要想在一个单纯的环境里面工作，基本上就是痴人说梦。你不懂得如何远离这些纷争，就可能为这些纷争所绊，轻则永远没有升职机会，重则就像小李一样卷铺盖走人。

既然办公室斗争那么激烈，那么如何才能在办公室斗争之中明哲保身，不被这些恩怨所累呢？

第一，莫想与所有同事做朋友。

职场人首先要清楚，到公司的目的不是交朋友，而是为了把工作做好。所以，对于工作中的人际关系，应理性看待。"物以类聚，人以群分"，对于不同类型的人，不要因不能做朋友而大伤脑筋，只要保持正常的工作关系即可，否则要么改变对方，要么扭曲自己。同时也要明白：不是所有人都能做朋友，你也不可能成为所有人的朋友。

第二，利益沟通核心是维持双赢。

同事关系主要以利益为主，当两人发生冲突时，一定是妨碍了彼此的利益。利益沟通的关键点是：维持双赢。如果任何一方在冲突中失去重大利益，那么以后的冲突就更加严重。只有在相互妥协中达到双赢，才能和谐相处。不要因为与上司的友谊，就处处觉得自己高人一等，这样除了成为众矢之的、收到嫉妒和不屑的目光外，更可能被他明里暗里地处处作对；当然也不要因为朋友的关系，就对某个下属处处照顾。

第三，太顾虑朋友影响决策。

过多顾虑朋友之间的感情就会影响你的决定，因为出于保护朋友而做出有倾向的决定，会引起其他员工的不满意，会增加自己工作的困难，甚至使自己的威信大打折扣。另外，如果你在公司的朋友是异性，在工作场合要尽量避免过多的接触，哪怕是会心的微笑和交流的目光。否则可能会被传为办公室恋情，很多上司最忌讳下属这样。如果这种恋情完全是子虚乌有，还让谣言影响了自己及朋友在公司的发展，岂不冤枉？

第四，千万莫吝啬你的支持。

如果"战友"是你的上司：

(1) 不要推卸责任。将工作中遇到的问题及时反映出来，但绝不要在事情发生后推卸自己的责任。

(2) 学会换位思考。多站在老板、上司的角度，想想如果你是他，你希望手下的员工怎么做。这样你就能很好地去执行。

如果"战友"是同级同事：

(1) 互相支持。你遇到难题时想得到怎样的支持，你就怎样去支持别人。

(2) 保持距离。不要把同事当成朋友，不要公私不分。

(3) 绝不传播流言。流言满足了人们窥私的心理，所到之处必生龃龉。

第五，时刻注意细节。

(1) 平等对待每一个人。不要对资历老的前辈刻意讨好，也不要对新人颐指气使。尊重是与同事相处的基本之道。

(2) 莫在办公室过多谈论自己的私人生活，更不要倾诉自己的个人危机，"友善"并不等同于"友谊"，别人对你的个人生活也不一定感兴趣。

(3) 开玩笑要有"度"。轻松幽默的人的确能够受到大家的喜爱，但口无遮拦就是另一回事了。

(4) 莫谈论他人是非。谈论别人是非者往往自己会成为是非的中心。

(5) 莫炫耀自己。即使你与上司有着情同手足的关系，也不要到处炫耀，低调、淡然能远离妒忌和刁难。

(6) 莫想占别人的便宜。斤斤计较的人容易失去同事的信任和支持。

(7) 莫过多要求别人。不要期望每个同事都像家人和朋友一样来包容你、理解你。

(8) 如果已经和同事成为朋友，不要在工作场合显得过于亲密，避免让人感觉你们"拉帮结派"。

（9）要学会说"不"。同事间相互帮助是应该的，但不要让这种帮助变成了习惯和指使，否则你分内的工作又怎么办呢？

珍惜对手就是珍惜自己

如何对待自己的对手，不仅可以昭示一个人的心胸气度，而且还会暴露你当前的处境。

——哈佛箴言

人们在遇到挫折的时候总会感叹世情的险恶，人情的炎凉：我们究竟应该如何来对待这一人生际遇呢？

事实上，世界上绝大多数的人都是好的。他们对待你的态度取决于你对他们的态度。至于他们的毛病，不见得一定比你多。

所以，我们应该努力做到心平气和、冷静理智、谦恭有礼、助人为乐。而不是暴躁偏执、盛气凌人、四面树敌。即使是对于自己不太了解的人，只要不是涉嫌刑事犯罪，而他又没有明显冒犯你的意思，那么还是友好待之为先。

对于素不相识的陌生人不可有恶意，不可有敌意，不可以无端怀疑，不可以拒人于千里之外，更不可以出口伤人、随意中伤——否则到头来只会暴露自己的幼稚与低级。甚至不要这样对待某些或某个确实心怀敌意乃至已经不择手段地陷害你的人。

你也可以反躬自问：我自己到底有什么问题？曾有什么事使他受到伤害？有没有可能消除误解化"敌"为友？还要设身处地想想对方是不是有

情有可原之处。进一步想，对方之所以险恶，不无背景缘由；另一方面，险恶的心情和弱势的处境很可能有关系。

我们最憎恨什么人？多数情况下当然是对手和敌人。

事实上，对手是你人生中重要的参照物，只有对手的存在才能证明你本身的价值。很多年来，可口可乐和百事可乐，麦当劳和肯德基，微软和苹果，这些世界上最著名的公司，似乎一刻也没有停止过争斗。争斗的客观效果之一，就是把全世界的眼球都吸引到他们那里去了。不管快餐业有多少个"麦肯鸡""肯麦基"，都只能在角落里发声，舞台的正中永远只有两个主角，那就是麦当劳和肯德基，只有他们才能够互为对手。

古人在战场上搏杀时，倘若英雄相遇，常常不忍互相加害，虽然各为其主，场面上打得热闹，内心其实是相互敬仰的，这样的人我们视为真英雄。因为他们在对手身上看到自己的影子。同是英雄，也就有了理解的基础，有了相互尊重的前提。

2008年9月，美国大选正在如火如荼地进行，以奥巴马、拜登为候选搭档的民主党和以麦凯恩、萨拉·佩林为候选搭档的共和党，正在进行激烈的大选争夺战。两党为了获得选民的支持而"口诛笔伐"，攻防的策略从对方施行的政策一直延伸到候选人的弱点。两方阵营的幕僚们恨不得挖地三尺找出对方候选人的缺失和弱点，以击倒对方在选民中的形象。

就在这个时候，有媒体曝出一个惊人事件：共和党副总统候选人佩林17岁的女儿未婚先孕。这个"丑闻"无疑使佩林脸上无光，因为佩林一直声称是反对早孕的人，而作为副总统候选人，居然连自己的孩子都没管好，如何为国人做表率，如何管理国家呢？

佩林本人和共和党顿时陷入一种极度尴尬的境地，陷入了短暂的集体沉默中。这个时候，民主党的很多人士和支持者，都认为这是上大赐予奥巴马选举阵营的一个宝贵机会，只要奥巴马向佩林发出强烈抨击，就会在人气上提升一成,以更高的支持率领先共和党阵营。人们都期待着看到奥巴马对此发出的第一轮猛烈的攻势。

这一天,记者终于截住了奥巴马。记者拥到他的身边都急着问同一个问题:"请问奥巴马先生,您就萨拉·佩林17岁的女儿未婚先孕一事有何评价?"

这时对奥巴马来说是一个绝好的机会,他的一句话就可能成为给对手的致命一击——这也是他的很多支持者希望听到的。但是奥巴马只是轻轻地摇摇头微笑着说:"我想说的是,我妈妈18岁时便生下了我!"

喧闹的现场一阵沉默!谁都没有想到,奥巴马会给出这样一个仁慈、朴实和高尚的回答,这分明是在帮佩林以及她的女儿辩护,甚至为此牺牲自己的竞选形象。他拥有很多的答案可以选择,很多答案都可能让他获得政治加分。哪怕是沉默而不作回答,对他来说也是有利的,但是他却给出了这样一个回应。

奥巴马的表现令评论界一片哗然,就在政治评论家和分析师都目瞪口呆甚至扼腕叹息的时候,奥巴马的支持率却猛地拉升起来。据调查,很多中间选民开始倒向奥巴马,因为奥巴马博大的胸怀打动了他们,他们认为只有宽仁的人才能担当美国的总统。

而很多人不知道的是,就在奥巴马发表评价之前,沉默的共和党幕僚们并没有停止行动,他们早就找出了奥巴马系母亲18岁时所生的全部资料,他们正准备在奥巴马攻击佩林时,以"伪君子"之名攻击奥巴马。但是,他们周密的计划最终落空了,因为奥巴马的宽仁和诚实令他们无法回击!

虽然佩林从奥巴马的宽仁中走了出来,但是在整个竞选过程中,贵为共和党副总统候选人的她却始终无法以一种锐利的形象与民主党对抗,更没有用强大的力量攻击奥巴马,因为她始终沉浸在奥巴马的宽仁之中,直到人民用投票告诉全世界,我们选择了一位心胸博大、满怀仁爱的黑人总统——奥巴马!

我们经常听到"对对手仁慈就是对自己残酷"这样一句话，然而真正高尚仁爱的人，一如奥巴马，他勇于"降低"自己，施仁爱于对手，却往往能真正地赢来尊重。

那种对竞争对手动辄咬牙切齿，不惜背后使绊的人，只是一种街头混混的思维方式，不可能有什么大出息。苦大仇深是被压迫阶级的形象，咬牙切齿也是劣势者的姿态，志向远大的人是不会把眼光只盯在身边琐碎的事物上，不会与比自己弱小的人计较，更不会把失败者打翻在地，然后再狠狠地踢上一脚。仇恨是不能解决问题的，它只会让人变得更加虚弱不堪。

从长远的角度来看，一切个人的嫉恨怨毒，一切鼓噪生事，一切流言蜚语、打击报复，在一个大气候相对稳定的情势下，作用十分有限，甚至可能起的是反作用。你见怪不怪，其怪自败。大可以正常做动作，保持美好心态，不受干扰，让各种事务按部就班地前进，让你的生活按照既定的轨道前行。或者更简单一点，暂时不予置理就是了。你那么忙，有工作、有学习、有写作、有业务、有使命感，也有无限的生活乐趣，怎么有可能陪着那些日暮途穷、再无希望，只剩下了在与假想敌的斗争中讨生活的人呢？

莎士比亚也曾经这样说："不要因为你的敌人而燃起一把怒火，热得烧伤你自己。"倘若我们的仇家知道我们对他的怨恨使我们精疲力竭，使我们疲倦而紧张不安，使我们的外表受到伤害，使我们得心脏病，甚至可能使我们短命的时候，他们不是会拍手称快吗？再退一步来讲，即使我们不能爱我们的仇人，至少我们要爱我们自己；我们要使仇人不能控制我们的情绪、我们的健康和我们的外表。

其实，珍惜对手就是珍惜自己，宽容对手也是有自尊的表现。一个真正相配的对手是一种非常难得的资源，从某种意义上说，双方相辅相成，斗争最激烈的时候，也就是双方最辉煌的时候；如果一方消亡，那么另一方势必走向衰退，除非他能脱胎换骨，或者找到新的对手。

情绪激动时不要处理问题

只要能保持镇静的心态，即使没有说服对方，对方也会佩服你泰然自若的精神状态，在对方心目中你仍是一位有涵养的人。

——哈佛箴言

我们遇到重大事情时最容易慌乱，一慌乱就容易出问题：思维混乱，言语颠倒，打破了平常的逻辑性，结果想不出好的办法，问题处理得更糟糕。原因就是没有镇静下来，镇静下来，一切都显得自如了。

为什么哈佛人提倡在情绪激动时不要处理问题呢？就是因为情绪激动时思维模式已不符合正常的逻辑，思考问题容易偏激，凭感性下结论最容易出差错。心态镇静时思维敏捷、思路清晰，容易做出明确的判断。最简单的方法就是，暂时停下来不去考虑，等心平气和了再作分析处理。当你镇静地思考问题时，会对你慌乱时的窘态另有看法：那时自己竟如此幼稚、武断。

以镇静的心态面对现实，少一份浮躁就多一份明智。意气用事只会造成不好的结果。面对问题时我们应该静下心来，思考问题的解决方法，千万不要脑袋发热，一时冲动就贸然行事。自暴自弃、怨天尤人、非法处理都是些错误的做法，镇静下来理性思考才是最重要的。有人这样说：慌乱只能出坏结果，镇静能换取理智。慌乱行事只能看到问题的片面，镇静能抓住事物的本质与要领。

联想集团总裁柳传志在联想集团2002年誓师大会上说：大家知道，我们从研究所出来下海，光被人骗就有好几次。公司刚成立一个月时，20万的股本就被人骗走了14万；1987年公司还很弱小的时候，一次业务活动差点被人骗去300万，李总在那次活动中犯了心脏病，我天天半夜被吓醒；1991年的关于进口的海关问题；1992年的黑色风暴；还有外国企业大举进入中国市场的最痛苦的1993年……哪一年不是把人惊得魂飞魄散，哪一年没有几个要死要活的问题。然而正是这一次次的狂风暴雨，一次次心志的历练，才有可能有1995年的"临危不乱，举重若轻"。我们正是因为镇静才一次次战胜了困难，发展到今天。

成功人士共有的特点就是遇事镇静，稳定处理，泰然自若，一切困难自会摆平。

镇静的心态对说话也很重要。与别人交谈中有镇静的心态，就能认真听取别人的谈话，并认真揣摩对方的意图。对对方来讲，你镇静沉着的状态会给对方一个冷静成熟的好印象；若急躁不安地听别人谈话，既不能领会对方的意图，又会引起对方的反感，甚至会失去与你交流的耐心。你以镇静的姿态与对方侃侃而谈，会唤起对方的重视，让其能聚精会神地与你展开话题，并向更深的方向进行交流。

想在交谈中占主动地位，牵引对方展开话题，你首先要以镇静、自信的状态令对方信服。让对方觉得他在与一位很有素养的人交流，对方会在你的平稳引导下慢慢打开话匣，话题也将步步深入。

下面几点哈佛大学的情绪管理方法你可试着实践一下，也许能给你带来一些帮助：

（1）谈话之前先调整一下情绪，进入镇静、平和的状态；

（2）谈话开始不要产生急躁情绪；

（3）不要先急于表达自己的观点，先听听对方说些什么；

（4）用心分析对方的话，猜出对方的意图；

（5）即使对方出言不逊也不要与对方争辩、吵闹;

（6）抓住对方话语的漏洞,平静地反驳对方;

（7）对方故意刁难你时仍要保持镇静;

（8）无论谈论结果如何都要以平静祥和的姿态结束谈话;

（9）经常练习平息自己发怒的调整能力;

（10）遇见越大的谈论场面越要保持镇静。

任何时候都不要忽略细节

不要小看细节,在这样一个细节决定命运的年代,那些看起来十分不起眼的小细节往往蕴藏着深刻的大道理,在无形中影响着你的一生,改变着你的命运。

——哈佛箴言

人,能一心一意地做事,世间就没有做不好的事。这里所讲的事,有大事,也有小事,所谓大事小事,只是相对而言。很多时候,小事不一定就真的小,大事不一定就真的大,关键在做事者的认知能力。那些一心想做大事的人,常常对小事嗤之以鼻,不屑一顾。但是,连小事都做不好的人,是很难做成大事的。

有位哲学家曾说过这样一段话,他说:"不会做小事的人,很难相信他会做成什么大事。做大事的成就感和自信心是由小事的成就感积累起来的。可惜的是,我们平时往往忽视了它,让那些小事擦肩而过。"

勿以善小而不为,勿以恶小而为之。"小事正可于细微处见精神。有做小事的精神，就能产生做大事的气魄"。不要小看做小事，不要讨厌做小事。只要有益于工作，有益于事业，人人都应从小事做起，用小事堆砌起来的事业大厦才是坚固的，用小事堆砌起来的工作长城才是牢靠的。

有位女大学生，毕业后到一家公司上班，只被安排做一些非常琐碎而单调的工作，比如早上打扫卫生，中午预订盒饭。一段时间后，女大学生便辞职不干了。她认为，她不应该蜷缩在"厨房"里，而应该上更大的"厅堂"发挥。

可是一屋不扫，何以扫天下。一个普通的职员，即使有很好的见解，想要被重用，也要受一段不短时间的煎熬，最重要的是要努力做出能让别人倾听到自己意见的资格和成绩，在别人眼里，你才能举足轻重，不易被忽视。

因此，从小事做起的工作，年轻时就应努力去做好。

曾有一位人事部经理感叹道："每次招聘员工，总会碰到这样的情形：本科生与大专生、中专生相比，我们也认为本科生的素质一般比后者高。可是，有的本科生自诩为天之骄子，到了公司就想唱主角，强调待遇。别说挑大梁，真正找件具体工作让他独立完成，却往往拖泥带水、漏洞百出。本事不大，心却不小，还瞧不起别人。大事做不来，安排他做小事，他又觉得委屈，埋怨你埋没了他这个人才，不肯放下架子干。我们招人来是工作、做事的，不成事，光要那本科生的牌子干吗？所以有时候，相比之下，大专生、中专生反而比那些本科生更实际，更有用。"

现在，社会上有的企业急需人才，而有的大学生却被拒之门外，不受欢迎，不被接纳，对此现象，该人事部经理算是道出了其中缘由。

人生价值真正的伟大在于平凡，真正的崇高在于普通，最平凡、最普通却又最伟大、最崇高。从普通中显示特殊，从平凡中显示伟大，这才是做人做事之道。

小事，一般人都不愿意做。但成功者与碌碌无为者最大的区别，就是成功者愿意做别人不愿意做的事情。一般人都不愿意付出这样的努力，可是成功者愿意，因此他获得了成功。

别人不愿意端茶倒水，你更要端出水平；别人不愿意洗涮马桶，你更要涮得明亮；别人不愿意操练，你更要加强自我操练；别人不愿意做准备，你更要多做准备；别人不愿意付出，你更要多付出。

每一件别人不愿意做的小事，你都愿意多做一点，你的成功率一定会不断提高。

因此，成功最重要的秘诀，就是去做别人不愿意做的小事。因此，做事不可以被大小限制，被时间限制，被空间限制。因此，需要具有超越自我、超越时空的观念，跳出大大小小的圈子，成就最普通而又最特殊，最平凡而又最高尚，最渺小而又最伟大的事业。

一个矿泉水瓶盖有几个齿？

虽然我们经常喝矿泉水，但很多人不会在意，刚刚拧开的那瓶矿泉水，瓶盖上会有几个齿。假如我拿这个题目考你，你一定会嗤之以鼻，因为这个题目太无厘头了。

一家电视台做了一期人物访谈，嘉宾是宗庆后。知道宗庆后的人可能不多，但几乎没有人没喝过他的产品——娃哈哈。这个42岁才开始创业的杭州人，曾经做过15年的农场农民，栽过秧，晒过盐，采过茶，烧过砖，蹬着三轮车卖过冰棒……在20年时间里，他创造了一个贸易奇迹，将一个连他在内只有三名员工的校办企业，打造成了中国饮料业的"巨无霸"。

关于他的创业、关于娃哈哈团队、关于民族品牌铸造……在问了若干个大家感兴趣的题目后，主持人忽然从身后拿出了一瓶普通的娃哈哈矿泉水，考了宗庆后三个题目。

第一个题目:"这瓶娃哈哈矿泉水的瓶口,有几圈螺纹?"

"四圈"。宗庆后想都没想,回答道。主持人数了数,果然是四圈。

第二个题目:"矿泉水的瓶身,有几道螺纹?"

"八道"。宗庆后还是不假思考地一口答出。主持人数了数,只有六道啊。宗庆后笑着告诉她,上面还有两道。

这两个题目都没有难倒宗庆后,主持人不甘心。她拧开矿泉水瓶,看着手中的瓶盖,沉吟了片刻,提了第三个题目:"你能告诉我们,这个瓶盖上有几个齿吗?"

观众都诧异地看着主持人,不知道她葫芦里卖的是什么药。很多人赶到电视录制现场,就是为了一睹传奇人物的风采,有的人还预备了很多题目,向宗庆后现场讨教呢。可是,主持人竟将宝贵的时间,拿来问这样无聊的题目。

宗庆后微笑地看着主持人,说,"你观察得很仔细,题目很刁钻。我告诉你,一个普通的矿泉水瓶盖上,一般有18个齿。"

主持人不相信地瞪大了眼睛,"这个你也知道?我来数数。"主持人数了一遍,真是18个。又数了一遍,还是18个。

主持人站起来,做最后的节目总结:"关于财富的神话,总是让人充满好奇。一个拥有170多亿元身家的企业家,治理着几十家公司和两万多人的团队,开发生产了几十个品种的饮料产品,需要逐日决断处理的事务何其繁杂?可是,他连他的矿泉水瓶盖上有几个齿都了如指掌。也许我们可以从中看到,他是如何一步一步走向成功的。"

人们恍然大悟,场上响起热烈的掌声。

不因小而失大,不因少而失多。抛弃大小的竞争,抛弃高下的念头,抛弃富贵的欲望,而一心一意从小事做起,就是洗厕所、扫大街,也会比别人清理得更干净。

越是那种埋怨自己工作价值渺小的人，真正给他们一份棘手的工作时，他们越是退缩而不敢接受。具有十成力量的人，去做仅仅需要一成力量的工作，其中有生命的意义和悠闲的心情。在长远的人生中，这种生命的意义和悠闲的心情对于人格的形成与发展有决定性的帮助。

许多白手起家且事业有成的人，在小学徒或小职员时代就能以最高的热忱和耐心去面对上司给予他们的小工作，这是非常值得反思的事实。我们不可能用数量来衡量工作重要性的大小，"大往往在小之中"。

比规定的时间提早一点完成

速度决定一切。

——哈佛箴言

很多时候，我们心里会想：我已经努力改进了，也取得了不小的进步，可以放松一下了。自己与自己的过去比，是完全应该和必要的。我们应该看到自己的进步，坚定自己前行的信心，但是请别忘了，还要抬头看看四周：他们干得怎么样？

观察一下你的周围，你就会发现，那些能干的人身上都有一个共同点，那就是动作迅速。

当然，他们是把握和判断好了先后次序之后才开始处理那些事务，所以看上去动作是那么迅速。但是不管怎么说，工作过程中存在着某种令人舒心的节奏，这种节奏感让人觉得他的身手非常敏捷。

明确来讲，在商界，从某种程度上而言，急性子的人更容易出人头地。

当你的上司吩咐你做一项工作的时候，一定会告诉你一个截止的时间："在×月×号之前完成。"如果没有这样告诉你，那是上司忘记说了，你要自己主动确认。

这里要奉劝一句：一定要赶在截止日期之前提前完成，哪怕是提前一天也好。与其遵守时日追求完美，不如提前迅速完成，哪怕是"拙速"也没有关系，这一点是关键。因为尽快提交给上司，得到上司的意见更为重要。

此时你和上司之间的关系便是客户之间的关系。也就是说，上司是你的主顾。对方是不是很满意？如果不满意，什么地方需要修改？认真理解这些之后，再按照对方的意思进行调整。算上这些修改的时间，也不要把工作拖到快要到规定时间的时候。

如果拖到规定的时间才提交，上司虽然感到不满意也能过关，或者还会亲自动手修正一下。但不管怎样，都只会给上司留下这样一个印象："他怎么还没有交上来？"如果提前一两天提交，就会得到上司具体的指示："这里和这里，我有些不满意。"然后只要更正一下被指出来的部分就可以了。于是，你在上司眼中的印象就会得到好转："这人做事很快！"

这就是商业社会的价值观。跟那些慢慢调查客户咨询意见之后再作回答的人相比，四处奔走时刻牢记快速反应的人要更胜一筹。

生存、发展的机会可能只有有限的几个，却往往会有一大群人去拼抢，你只是尽力是不够的。要优秀，就要比别人跑得快！只要觉得好，就立刻付诸行动，这就是果决精干。

两个人一起去山里面游玩，正当他们兴致勃勃地欣赏山中的美景时，突然发现一只熊正在离他们不远的地方盯着他们。

两个人都十分害怕。因为他们手无寸铁，根本谈不上与熊搏斗并将其打死。

此时，其中一人在短暂的害怕之后，稍微镇定了一下，迅速弯腰下去把鞋带系好，做好逃跑的准备。

另一个人对他说："你这样是没有用的，你不可能跑得比熊快。"

那个准备跑的人回答说："我不需要跑得比熊快，我只要跑得比你快就行了。"

在这里，我们姑且先不谈论道义上的问题。只需要记得：当面临别无选择的囚徒困境时，我们只有力争比对手跑得快，才可能让自己获得最好的条件。

再来仔细分析一下：那个准备逃跑的人面临的选择有以下几个：

(1) 不逃跑，被熊吃掉；

(2) 逃跑，被熊吃掉；

(3) 逃跑，得以生还。

在这些选择里面，如果选择逃跑，会有生还的机会，而他的朋友选择不逃跑，生还的机会自然属于他；若他的朋友选择逃跑，就需要一个附加的条件——他跑得比自己的朋友快——这样才会生还。

所以，在这一博弈过程中，他只有比朋友跑得快，才能够生存。

在残酷的生存竞争中，知道谁是你真正的竞争对手非常关键。有时候你干得不一定比"敌人"好，但至少要比"敌人"强。今天与昨天相比，我们很容易满足，因为我们可以看到自己的进步，这是必要的。但我们还要同别人比，看看自己的相对速度。

在这个世界上，我们要想确定自己的位置，必须采用参照物，人都是在比较中生存的。换句话说，如果我们一群人后边追着一群狼，只要你跑不过别人，倒霉的就是你。

在我们的一生中，没有人会为你等待，没有机遇会为你停留，成功也需要速度。带着积极的心态，及时抓住机会，不断进取，不停拼搏，才有可能创造成功。如果按部就班、谨小慎微，在应该行动时坐等机会溜走，就会时时落后、事事落后。要知道，光说不做，只想不行动，既不能增加成功的砝码，也无法增加人生的能量。

古人云："激水之疾，至于漂石者，势也。"速度决定了石头能否在水上漂起来。同样，要想拥有成功，就需要赋予人生足够的速度。这是成功者的姿态，也是胜利者的姿态。

立即动手是一个员工在公司中能够得以表现突出的必备素质。只有立即动手的人才能够抓住转瞬即逝的机会，也只有立即动手的人才能够很快地将自己的想法付诸行动。

《英国十大首富成功秘诀》曾这样分析当代英国顶尖成功人士，该书指出："如果将他们的成功归因于深思熟虑的能力和高瞻远瞩的思想，那就失之片面了。他们真正的才能在于他们审时度势然后付诸行动的速度。这才是他们最了不起的，这才是使他们出类拔萃、居于实业界最高职位的原因。什么事一旦决定马上就付诸实施是他们的共同本质，'现在就干，马上行动'是他们的口头禅。"

哈佛人建议：在思考与决定之后就应该勇敢地去做。只有立即动手的人才能够抓住转瞬即逝的机会，也只有立即动手的人才能够很快地将自己的想法付诸行动，而将自己的想法付诸行动才能够将想象的结果变为真正的现实。

不要被同一块石头绊倒两次

一只狐狸不能以同样的陷阱捉它两次，驴子绝不会在同样的地点摔倒两次，只有傻瓜才会第二次跌进同一个池塘。

——哈佛箴言

世界上没有一个人能保证自己永远不犯错误。但哈佛人认为，对于社会中的每一个人来说，我们应当牢记的一个法则是：不要犯同样的错误。

任何人都难免犯错误，不犯错误的人是没有的，聪明的人能够吸取上一次的教训，为防止下一次挫败做好准备；愚蠢的人并不能这样做，仍然在犯与第一次相同的错误。所谓"吃一堑，长一智"，我们应该从错误中吸取教训，确保下一次不再犯同样的错误，人们不应该两次走进同一条死胡同。

有一次，一个猎人捕获了一只能说90种语言的鸟。

这只鸟说："放了我，我将告诉你三条忠告。"

猎人回答说："先告诉我，我保证会放了你。"

鸟说道："第一条忠告是：做事后不要懊悔。"

"第二条忠告是：如果有人告诉你一件事，你自己认为是不正确的就不要相信。"

"第三条忠告是：当你爬不上去时，就别费力去爬。"

讲完这三条忠告之后，鸟对猎人说："现在你该放了我吧？"猎人依照刚才所说的将鸟放了。

这只鸟飞起后落在一棵高树上,它向猎人大声叫道:"你放了我,你真愚蠢。但你并不知道在我的嘴中有一颗十分珍贵的大珍珠,正是这颗珍珠使我这样聪明。"

这个猎人很想再次捕获这只被放飞的鸟,他跑到树跟前并开始爬树。但是当爬到一半的时候,他掉了下来并摔断了双腿。

鸟嘲笑他并向他叫道:"傻瓜!我刚才告诉你的忠告你全忘记了。我告诉你一旦做了一件事情就别后悔,而你却后悔放了我。我告诉你如果有人对你讲你认为是不可能的事,就别相信,但你却相信像我这样一只小鸟的嘴中会有一颗很大的宝贵珍珠。我告诉你如果你爬不上某东西时,就别强迫自己去爬,而你却追赶我并试图爬上这棵大树,还掉下去摔断了你的双腿。"

"这句箴言说的就是你:'对聪明人来说,一次教训比蠢人受一百次鞭挞还深刻。'"

说完鸟就飞走了。

这则故事的寓意可谓深刻至极。同样,无论是在生活中还是在工作中,我们经常听到别人的忠告,有时自己也会对别人提出忠告。忠告一般都是从经验教训中总结出来的,目的就是为了避免下一次的错误。因此,我们应该从自己成功与失败的经历中得出经验教训,然后根据实际情况灵活运用,避免犯同样的错误。

下面是一位深谙自我管理艺术的人物豪威尔的故事,他是美国财经界的领袖,曾担任美国商业信托银行董事长,还兼任几家大公司的董事。他受的正规教育很有限,在一个乡下小店当过店员,后来当过美国钢铁公司信用部经理,并一直朝更大的权力地位迈进。

豪威尔先生讲述他克服危机的秘诀时说:"几年来我一直有个记事

本，记录一天中有哪些约会。家人从不指望我周末晚上会在家，因为他们知道，我常把周末晚上留作自我省察，评估我在这一周中的工作表现。晚餐后，我独自一人打开记事本，回顾一周来所有的面谈、讨论及会议过程。我自问：'我当时做错了什么？''有什么是正确的？我还能做些什么来改进自己的工作表现？''我能从这次经验中吸取什么教训？'这种每周检讨有时弄得我很不开心，有时我几乎不敢相信自己的莽撞。当然，随着年事渐长，这种情况倒是越来越少，我一直保持这种自我分析的习惯，它对我的帮助非常大。"

豪威尔的做法值得我们每一个人学习，睿智的人知道，不吸取教训、不改正错误是成不了大业的。

一般人常因他人的批评而愤怒，有智慧的人却想办法从中学习。诗人惠特曼曾说："你以为只能向喜欢你、仰慕你、赞同你的人学习吗？从反对你的人、批评你的人那儿，不是可以得到更多的教训吗？"

与其等待敌人来攻击我们或我们的工作，倒不如自己动手。我们可以是自己最严苛的批评家。在别人抓到我们的弱点之前，我们应该自己认清并处理这些弱点，及时完善自己虽然不能保证百战百胜，但至少可以避免敌人用同样的手法轻易地击败自己。

第十课

借力打力，从默默无闻到脱颖而出

哈佛人认为，在你计划做成某事的时候，没有成本、没有经验、没有技术……都不要紧，如果你认识拥有这些资源的朋友，同时又有高屋建瓴的头脑，那么所有问题都会迎刃而解。

借力是成功路上的滑翔机

要想成功，不仅要增强自身的实力，还要学会将身边的资源通过合适的人脉关系整合到一起，进行优化配置，这才是让自己在人生中更加游刃有余的最佳策略。

——哈佛箴言

为什么有的家庭两个人的工资都不高，他们却可以买得起大房子，过上高品质的生活？因为他们从更高的角度看自己的人生，不纠结于一处，利用手里的资源想办法。他们手里有一点钱的时候，就投给朋友开办的小公司，从而获得了更多的收益，他们运用朋友的关系搞一些"副业"，这说明有灵活的头脑的人是不会受穷的。

哈佛人认为，这些还只限于在你的人生刚刚起步的阶段，随着你认识的人越来越多，层次越来越高，也许三人五人在谈笑间就构思了一个好的想法，并可以较快地付诸实践。

小张毕业工作了三年多之后，时常为自己的现状感到苦恼，目前的公司已经没有多大的发展空间，每天几乎都是做着重复性的工作，感到自己的时间有被"贱卖"的危机。然而，拥有较大的家庭经济压力的他一方面舍不得此处的高薪，另一方面也承担不起换工作或自己创业带来的高风险。无奈的他只能原地踏步。有一次，在他的一个远房亲戚那里，他认识了一个有钱人，这个中年人家里有一定的资产，但是不知道该怎样投资，见过小张几次之后，觉得小张是一个有想法、为人又踏实稳重的人。经常在一起聊天，她慢慢地表示如果小张愿意自己做一项事业的话，她愿意出一定的资本。小张一开始并没有往心里去，但后来他在街头经常排着长队、人头攒动的栗子店、薯片店的前面灵光一闪，找到了商机，于是他找到了一家最有名的连锁小吃店的老板，表达想要加盟的意愿。

半年之后，小张的零食店开了起来。他并没有辞掉工作，真的是那位远房亲戚为他出资几万元，虽然不多，但是经营一个小成本的买卖绰绰有余了。他雇了几个人，把远在外地的岳父请来帮忙看管，一年下来，也赚了不少钱。也许这并不是一项大事业，距离他的宏图大志还很远，但是通过这个小本创业的经历，他积累了知识和经验，更重要的是，他手里有了更多的积蓄，经济上宽裕了，他安心地跳槽到另一家知名企业，刚开始的时候对方承诺的薪水并不高，但他还是接受了，因为他相信自己的能力，更看好这里更加广阔的发展空间。

从此以后，小张的事业越走越宽了。

其实，生活就是这样，你一个人的力量永远也比不上你+小房产公司老板+有钱的富二代+事业单位工作的高中同学+一个相处友好的邻居，更比不上你+稍有名气的新锐作家+富豪叔叔+教授姑妈+名主持人。有时候，人脉也像滚雪球，从这些朋友身上，你能获得无穷的力量。

有人可能会说，"借"的确是一个"四两拨千斤"的好方法，但自己究竟能"借"什么，又怎样"借"才能有效果，却又是现实中必然会遇到的难题。

"给我一个支点，我可以撬动地球。"这是阿基米德的一句名言，而"借"的关键就是能够找到这个支点所在。

这个"支点"就是"借"的契合点，它是你急需的，却又是对方所独具的。所以"借"绝对不是简单的依赖和等待，而是一场有准备的战斗，是用巧妙的智慧换取财富。从这一点来说，你首先要对自己有充分的了解，你的强项是什么，怎样的"外援"会对你有帮助？接下来在对市场充分了解的基础上，你就可以锁定自己的靠山，然后通过有效的"嫁接"，真正达到"借"的目的。所以"借"是主动的，它是你根据实际需要做出的选择。

哈佛的教授认为，有这样几条思路或许可以成为"借"的借力目标。

第一是借"智力"，或者说是"思路""经验"等，比如有些投资大师有不少好的经验，这都是他们经过多年的成功与失败得出的制胜法宝，它们显然可以让我们的投资少走许多弯路。

第二是借"人力"，这就是所谓的人气，一个品牌、一处经营场所甚至是一位名人，其周边可能聚集了不少类别分明的人群，如果能把自己生意的目标消费群与之结合起来，其结果可能就是投入不大而利润大。

第三是借"潜力"，良好的社会经济发展前景诱惑无疑是巨大的，它也会给我们的投资带来有效的增值空间，像城市的建设规划以及中小城市的发展计划等，都是值得我们关注的焦点。

第四是借"财力"，有些投资者或企业可能会遇到资金捉襟见肘的情况，那么充分利用银行或投资基金的财务杠杆，无疑会让你解决许多燃眉之急。

第五是借"权力"，乍一听这个词似乎挺吓人的，但其实所指的就是政策，"借"上好的政策同样也会使你赢得发展的契机，靠政策致富的案例早已屡见不鲜了。

但在这里需要说明的是，"借"与盲目跟风有着本质的区别。"借"是一项高技术含量的工作，通过了解、准备、研究、比较和选择等多个步骤才能获得成功，而如果随意地跟风模仿，反而会给你带来不小的风险。有些投资者不考虑周围环境和自身的不同实际，不看实际效果是否有效，不看时机是否成熟，不看条件是否具备，生搬硬套，盲目地跟着别人走，这显然是与"借"的本意相违背的。

对此，哈佛教授建议：我们可以把握住这样几点：

（1）自身是不是适合是关键，并不是所有的产品都能产生这样的效果；

（2）一个好的"借"的对象也要区别对待，比如同样是城市建设规划，不同区域产生的效果是不一样的，这就需要投资者运用各种信息进行研究、分析、比较，最终"借"上真正有潜力的规划；

（3）即使找到了正确的方向，"借"的过程也要讲究技术，比如你"借"上了大店铺的客源，就可以考虑将经营时间与大店铺错开，以避其锋芒、捡其遗漏；

（4）"借"同样也可能会遭遇到不可预见的风险，其中最为典型的就是连锁加盟，有些项目由于本身含金量不高，甚至带有欺骗性质，让许多投资者遭遇了滑铁卢，对此我们必须多加留意。

借别人的经验，找自己的出路

聪明人做事，都讲究方法和捷径。他们直接运用他人的方法，省略盲目的实验过程，往往能够事半功倍。

——哈佛箴言

哈佛人认为，聪明人看到一件事，首先想到的是通览整个事件，然后思考是否能够寻找到简单的办法。

在一次数学课上，老师给大家出了这样一道数学题：请问，将1至100之间的所有自然数相加，和是多少？老师承诺，谁做完这道题，谁就可以放学回家。

为了能尽快回家享受那自由而快乐的美好时光，同学们都努力地算了起来，有的人甚至额头上都渗出了汗。只有高斯一人静静地坐在自己的座位上。他一只手撑着下巴，一只手无意识地摆弄着手中的铅笔。他在寻找一种可以快速解答这个问题的办法。

过了一会儿，小高斯举手交答案了。

"老师，这道题的答案是5050。"高斯很自信地说。

"你可以给出你的方法吗？别人可连一半都没有加完啊！"老师略带吃惊地问。

"当然。你看，100+1=101，99+2=101……以此类推，到50+51=101时，恰好得到了50个101，因此最后的结果也就是5050了。"

老师对高斯的解答十分满意，并确信他将来一定会有所作为。后来高斯真的成为世界著名的数学家。

做任何事情，既要勤奋刻苦也要开动脑筋。只要方法找到了，做起事来才会更快、更好。

西方有一句有名的谚语，叫作Use your head，就是多多动脑的意思。许多人一生都遵循着这句话，解决了很多被认为是根本解决不了的问题。在现代社会，每个人都在想尽一切办法来解决生活中的一切问题，而最终的强者是办法最巧妙的那部分人。

有一个人在一家建筑材料公司当业务员。虽然公司产品不错，销路也不错，但产品销出去后，总是无法及时收到回款。当时公司最大的问题是如何讨账。

有一位客户买了公司10万元的产品，但总是以各种理由迟迟不肯付款。公司先后派了三批人去讨账，但都没能要到货款。当时这个人到公司上班不久，就和另外一位员工一起被派去讨账。他们软磨硬泡，想尽了办法。最后，客户终于同意给钱，叫他们过两天来拿。

两天后他们赶去，对方给了他们一张10万元的现金支票。

他们高高兴兴地拿着支票到银行取钱，结果却被告知，账上只有99930元。很明显，对方又要了个花招，给的是一张无法兑现的支票。马上就要春节了，如果不及时拿到钱，不知又要拖延多久。

遇到这种情况，一般人可能就一筹莫展了。但是这个人突然灵机一动，赶紧拿出100元钱，让同去的人存到客户公司的账户里。这样一来，账户里就有了10万元。他立即将支票兑了现。

当他带着这10万元回到公司时，董事长对他大加赞赏。之后，他在公司不断发展，5年之后当上了公司的副总经理，后来又当上了总经理。

是的，当谁都认为工作只需要按部就班做下去的时候，偏偏总有一些优秀的人，会找到更有效的方法，将效率大大提高，将问题解决得更好更完美。正因为他们有这种"找方法"的意识和能力，让他们以最快的速度得到了认可。

我们再来看一个故事：

1793年，守卫土伦城的法国军队发生叛乱。在英国军队的援助下，叛军将土伦城护卫得像铜墙铁壁，前来平叛的法国军队怎么也攻不下。

土伦城四面环水，且有三面是深水区。英国军舰在水面上巡逻，只要前来攻城的法军一靠近，就猛烈开火。法军的军舰远远不如英军的军舰先进，根本无计可施。

就在这时，法国军队一位年仅24岁的炮兵上尉灵机一动，当即告诉指挥官："将军阁下：请急调100艘巨型木舰，装上陆战用的火炮代替舰炮，拦腰轰击英国军舰，以劣胜优！"

　　果然，这种"新式武器"一调来，英国舰艇无法阻挡。仅仅两天时间，英军的舰艇就被火炮轰得七零八落，不得不狼狈逃走。叛军见状，很快就缴械投降了。

　　经历这一事件后，这位年轻的上尉被提升为炮兵准将。这位上尉就是后来成为法国皇帝的拿破仑！

　　像很多杰出人物一样，拿破仑的成功，相当程度上是因为在关键时刻找到了有效解决问题的方法，从而使自己走上了一个新的台阶，获得了一个有高度的新起点。有了这样的新起点，才有了更大的舞台，才能吸引更多的人向自己看齐，才有更多的资源向自己汇集。

　　只要仔细观察，我们都能从周围的人身上得到启发和教训。有这样一句古语：前车覆，后车诚。成功者的头脑在于：他们善于总结他人和自己的失败。

　　刘邦吸取了秦朝灭亡的教训，汉朝采用了休养生息的政策；东汉看到西汉土地兼并的弊端，开始限制这个问题；唐朝吸取隋朝穷兵黩武的教训，开始推崇文教；宋朝吸取唐朝后期的大家族、外戚专政的教训，采取不杀读书人的政策；明朝吸取过去宦官干政的教训，专门在宫殿门口贴了一个牌子，规定宦官不能接触政事……历史的发展，正是吸取之前的教训，因为这样能让人们少走很多弯路。

　　别人的教训，是自己的免费经验；别人的智慧，更可以直接变为自己的智慧。

用别人的创新，增强自己的优势

任何人都能在商店里看时装，在博物馆里看历史，但只有具有创造性的开拓者才能在五金店里看历史，在飞机场上看时装。

——哈佛箴言

要做唯一，就要学会创新，该创新的时候，就要创新，拿出决断力来。

但多数人，宁愿就地徘徊也不愿意尝试创新，不敢轻易"开炮"，因为害怕得不偿失。

的确，创新有一定的冒险性，它不能保证一定成功。但是，比创新失败更可怕的是就地徘徊。管理大师德鲁克这样描述了创新中失败与收益的关系："那些非常引人注目的创新领域，如微型计算机或生物遗传等高科技领域中，企业的失败率非常高，而成功的概率甚至幸存的概率却似乎相当低。企业家将资源从生产力和产出较低的领域转移到生产力和产出较高的领域，其中必然存在着失败的风险。但是，即使他们只获得勉强的成功，其回报也足以抵消在这一过程中可能遇到的风险。"

如果一个人总是强调创新太难，不妨将其理解成是一种不敢创新、不善于创新的借口。

创新到底有多难？一家企业的经理人接受了一次创新意识的培训，认识到了创新的重要性和急迫性。回到公司后，他大力宣扬丢掉过去、全力创新的思想，要求人人参与创新、面向未来，丢弃旧思想、旧习惯，在短时间内拿出创新成果。他让员工每人每周提出一个创新建议，每月至少拿出一项创新成果。

　　然而，激情过后，收效甚微。于是，经理人认为员工工作没有创造性、不尽心、不积极；员工抱怨经理人空有口号和要求，却根本不知道该如何进行创新。

　　其实，创新不是凭空而来的，它是对过去经验的总结与升华。创新虽然常常以意外的形式出现，但它的本质并不是一种意外。人们必须在足够的经验价值积累上，才能创造出新的方式方法。

　　人们可以通过学习和实践，掌握将创新意识应用到实际工作中的能力。创新不再是等待意外惊喜的产生，而是一种循序渐进地推进发生。如果把创新比作种子，那么过去的经验价值就是它赖以生存的土壤。

　　微软中国公司总裁唐骏，有一次经过员工办公区，看到员工李万钧电脑屏幕上的一个报表程序，发现这个程序跟平时习惯使用的正规微软报表程序有些不一样。唐骏便问李万钧，这样一个程序是哪来的。原来，李万钧在使用原先的报表程序时，工作效率较低，甚至引起客户投诉，于是他就自己利用周末制作了一个更适合实际工作操作的报表程序。

　　唐骏表示十分欣赏和重视李万钧的做法，鼓励他完善该程序，并抽时间与他一起讨论研究。一个月后，李万钧的程序便正式投入公司的实际运作中，让所有人的工作效率都得到了提高。2002年，唐骏提升李万钧，让他组建亚洲现场支持部，使这个当时只有24岁、刚进公司两年的年轻人，成了微软中国历史上最年轻的中层经理。

　　这样的一个发现，其实并不能说成是意外发现。它是由唐骏对员工的细心和重视，以及员工自身的创新精神，双向影响而促成的。

　　"发现比发明更重要"，善于发现别人的创新，就是增强自身资源的优势。

　　第一，善于发现潜在的创新机会。时刻关注行业动态，洞察发展趋势，迅速察觉变化和意外情况中隐藏的机会。对每个企业来说，机会都是均等的，那些看起来运气好的企业，是因为比其他企业更早地发现了有利机会。

1936年，摩托罗拉创始人高尔文在欧洲旅行，那时候战争即将爆发。接着，两年的萧条时期让高尔文意识到战争中必然需要相关的设备，他的公司便开始研制军用收音机。1940年，《芝加哥每日新闻》的编辑打来的一个电话，给公司送来了一个机会：威斯康辛州麦克伊营地的军队需要无线电通信设备。高尔文派工程师唐米切尔和雷约翰去实地考察，发现士兵随身带着非常笨重的通信设备，行军不便。工程师们日夜攻坚，终于制造出了第一款手持无线电通信设备SCR-536；第二年，它就开始批量生产投入使用。

第二，改进成果。在生产过程中，建立效能更强、效率更高和费用更低的生产经营方法。持续使用各种新的方式方法，改善原有的生产和管理途径，提高效率并节约成本。

当然，不是所有的创新都是有利无害的。需要谨慎地辨别创新，以免造成不必要的浪费甚至带来较大的损失。辨别创新有3个基本标准。

（1）有无市场。创新不是无目的、无方向的闭门造车，创新必须针对市场。人们习惯将创新奉为一种文化精神，而将它与市场割裂开。不以市场为导向的创新，就是毫无意义的创新。创新动作必须紧扣市场变化，依据顾客需求的变化来进行调整。

（2）有无利润。创新的目的在于提高绩效，而非宣扬口号。创新要看得见实实在在的利润增长。通常情况下，创新产生利润需要一定的时间；但没有或只有极少利润的创新，就必须及时调整。

（3）是否一时流行。很多创新投入到市场中后，起初顾客大为欢迎，但他们很快便失去了兴趣。这样的创新，最后只得惨败退出市场。如何判断创新是一时流行还是长久受用？经理人就需要弄清该创新是真正创造了新的价值，还是只是迎合观念的表层变动。

多年前，很多消费者都喜爱使用一种手动削苹果皮的机器。它创新地改变了人们长久削苹果皮的方式，看起来给消费者提供了方便。但是，不久这种削苹果皮的机器就悄然退出了市场。顾客的新鲜感过了之后，理智地感受到产品的使用价值。这样的削皮机存在着诸多不便：不能削不太规则的苹果，不能削其他水果，操作起来比较笨重……人们也不再喜爱使用它。

尽管一直没有其他新技术产品来代替该削皮机，但它仍然遭到了市场的抛弃。正是因为它没有传递真正的新价值，所以只能一时流行。

另外，没有目标的付出就是浪费资源，没有目标的创新也不会得到好结果。人们常说要以"创新为目标"，然而这个创新却是宽泛的、含糊的。创新本身是一个持续的工作过程，没有终点。我们不可能在创新的终点得到益处，只能在创新的过程中，在它实现一个个目标时，得到益处。

日常工作中设定目标的SMART原则，对创新同样适用。

（1）SMART原则一：S（Specific明确性）。用明确的言语表述创新目标，让人们可以清晰地记住、重复该目标。

（2）SMART原则二：M（Measurable衡量性）。创新目标是可衡量的，依据数据或其他结果，可以看到通过创新要创造多少具体的利润，提高多少具体的效率。

（3）SMART原则三：A（Attainable可实现性）。创新目标要求结果是可以实现的。一方面它具备一定的难度，不是轻易就可以实现的，这可以激发人们付出更多的努力；另一方面它不是绝对无法实现的，避免人们丧失信心。创新目标是人们通过较大的努力并最终可以实现的目标。

（4）SMART原则四：R（Realistic现实性）。创新目标是实实在在的，可以证明和观察；创新目标是与本职工作相关联的。

（5）SMART原则五：T（Time-bound时限性）。创新目标具有特定期限，每一时期有每一时期的目标，不可拖沓磨洋工。

找到志同道合者"同舟出海"

周围的人会对你产生巨大的影响，但问题是，不是所有的人带给你的影响都是有帮助的，而且是和你有着共同方向的。

——哈佛箴言

人说，知己难寻。人说，前世千百次的回眸，才换来今生的擦肩而过。这都是说，在这个世界上，能够和我们并肩战斗的人都是少数，而选对这些能够和我们一起战斗的人就显得至关重要。它是促使我们走向成功的一个关键因素。

曾国藩当年和太平军打仗时，清朝的满族士兵没有战斗力，被外国人和太平军打败了，朝廷让曾国藩自己招兵买马，组建军队。曾国藩不含糊，很快就组建了一支军队。这支军队就是湘军。湘军很出名，战斗力很强，作战凶狠不怕死，在剿灭太平天国的战斗中立下了大多数的战功。

湘军为什么战斗力强？还要从军队士兵的来源说起。曾国藩心里清楚，一支军队战斗力的高低和士兵的素质直接相关。所以，参军的人一定要有能力。可不是所有人都有能力，而且还有其他因素，比如决心，比如是不是能吃苦，比如是不是不怕死等等。

曾国藩思考了很长时间，清朝那么大的疆域，能够满足他的要求的，只有一个地方的人，这就是他的老家湖南。所以他依靠师徒、亲戚、好友等复杂的人际关系，建立了一支地方团练，这就是后来的湘军。曾国藩清楚，不是所有人都会和自己一条心，最可靠的人就是身边有着伦理道德关系的人。能够和自己共同战斗的人，只是少数，而这少数，就是农民以及自己的同乡。大家的性命前途绑在一起，共同做事情才更安全可靠。

除此之外，他招收士兵很有自己的见解。他的湘军士兵，几乎无一不是黑脚杆的农民，这些朴实的农民，既能吃苦耐劳，又很忠勇，一上战场，则父死子代，兄死弟继，义无反顾。具体来说：年轻力壮，朴实而有农夫气者为上；油头滑面而有市井气者，有衙门气者，概不收用。曾国藩认为，山僻之民多悍，水乡之民多浮滑，城市之民多浮情之习，乡村多朴拙之夫。

大海上风急浪高，一不小心就会搭上性命，所以出海之前，船长总会慎重地选择船员，这样才能将风险降低到最小。

我们的生活也是一样，虽然没有浪花，却有诸多看不到的暗礁，在这种情况下，选择同伴就显得非常重要了。

哈佛教授曾整理了以下十个条件，可以帮你迅速断定对方是否适合当你的合作伙伴。

1.你是否了解自己

在寻找他人之前，你首先要了解自己，你的个性如何，你的喜好是什么，你的底线又是什么。你擅长什么，能力如何，是否有协调性，你的优势是什么，劣势是什么……如果你不能对自己做出一个全面准确的判断，那么你就很难知道自己究竟需要什么样的合作伙伴。

2.双方目标是否一致

合作的关键在于双方的目标是否一致，目标一致，你的竞争对手也能成为你的合作伙伴。这个目标既可以是短期的小目标，也可能是长期的大目标。只要目标一致，预计的结果能够让双方有所收益，你们就有合作的可能。

3.对方能力如何

准确地估计自己的能力，还要全面地调查合作者的现状和能力，如果双方的实力旗鼓相当，往往能产生不错的合作结果。考察对方能力的时候，既要看到对方过往的成绩，也要看到他现在的状况以及未来的发展潜力。不要单凭对方的一面之词就草率地决定合作。事前考虑好过事后懊悔。

4.你能否与对方沟通

即使你们的能力相当，你也要弄清你们是否容易沟通，是否会出现鸡同鸭讲的情况。如果你们不能准确快速地理解对方的意图，如果你们对目标的具体理解存在很大差异，那么在事情执行过程中很可能因为沟通不当造成合作破裂。因为沟通不当造成的失败没有任何意义。所以，在事前确定双方是否能够很好沟通至关重要。如果双方没有沟通的意愿，都喜欢各行其是，无法做到步伐统一，那么这样的合作不要也罢。

5.是否有根本利益冲突

目标一致，不代表合作能够进行到最后。如果双方有根本性冲突，合作早晚面临破裂。所以，如果你与你的合作者有根本性冲突，可以考虑选择其他合作者；如果必须与其合作，就要小心行事，步步观察。

6.对方的人品如何

合作者的人品是你必须慎重考虑的因素，他能够讲原则、重承诺、守信用，是保证你们顺利合作的前提。此外，最重要的一点是合作者的责任感，他是否能够与你一起承担事业的风险，在困难的时候，有责任感的人不会弃你于不顾，和一个有责任感的人共事，等于给这份合作上了保险，即使失败，也不是由你一个人承担。

7.双方是否有互补的一面

合作是一个取长补短的过程，如果你们之间有互补的一面，充分发挥自己的优势，就能实现最佳的资源配置，达到1+1>2的效果。如果能在合作的过程中学到对方的优点，对于自己的发展也有不可估量的益处。

8.能否产生默契

合作双方要有默契，没有默契会造成合作双方状况的紊乱，甚至造成不必要的误会。默契的基础在于信任，如果不能相互信任，就不会产生默契。所以，考察对方是否值得你信任，是判断你们之间能否产生默契的第一步。有了信任，再加上良好的沟通，产生默契并不是一件困难的事。

9.对方是否有包容心

在合作中，难免出现错误。你必须判断当你出现错误的时候，对方是否能够包容你，那些能够原谅你的小错误，以大目标为前提继续合作的人，是你的首选合作对象。但是，如果一个人表示，他能够原谅你出现战略性、原则性错误，你千万不要与他合作。合作的目的在于互助与互相监督，如果他能够原谅你的战略性、原则性错误，就代表他并不重视这次合作，也代表你必须原谅他的这一类错误，这样的合作不利于成果的产生。所以，合作伙伴要有包容心，但是不能一味包容。

10.是否能接受彼此的缺点

合作伙伴不会十全十美，你如此，他也一样。你们有相同的目标，互补的能力，还有一个很关键却也很容易被忽视的问题：你们愿不愿意接受彼此的缺点。

接受彼此缺点，就是接受对方身上你根本无法赞同的部分。你愿意为这份合作做出让步或妥协，以保证结果的顺利。如果无法接受对方缺点，合作过程势必会有摩擦，很可能导致合作走向破裂。

寻找合作伙伴，本身就是一个考验你的眼光与能力的行为，你的标准是否合适、判断是否准确、了解是否全面，直接决定了合作是否能够顺利。尽量在每一次合作中重视对方，吸取经验，给你的合作伙伴留下良好的印象，这样既会提升他人对你的好感，也为你们下次合作预留了空间。

学会资源共享，大家好才是真的好

竞争不排斥合作。

——哈佛箴言

美国商界有句名言："如果你不能战胜对手，就加入到他们中间去。"

一只狮子和一只狼同时发现了一只小鹿，于是它们俩商量好共同追捕那只小鹿。它们之间合作得很好，当野狼把小鹿扑倒，狮子便上前一口把小鹿咬死。但这时狮子起了贪心，不想和野狼平分这只小鹿，于是想把野狼也咬死，可是野狼拼命抵抗，后来狼虽然被狮子咬死，但狮子也受了重伤，无法享受美味。

这个故事讲述的道理就是人们常说的"你死我活"或"你活我死"的游戏规则。试想，如果狮子不是那么贪心，而与野狼共享那只小鹿，不就皆大欢喜了吗？我们常说，人生如战场，但是人生毕竟不是战场。战场上敌对双方不消灭对方就会被对方消灭。而人生赛场不一定如此，为什么非得争个鱼死网破、两败俱伤呢？合作双赢不是更好吗？

在社会交往中，我们每个人的观点里，竞争与合作都是相辅相成的，是相互平等的、对等互为补益的关系，但是由于现今社会竞争非常普遍，在合作方面，一些人就好像不太重视了。现今社会中，有很多人认为，竞争就是你死我活，竞争的双方就不能有合作的机会，他们似乎注定是为利益而对立的"冤家"对头。其实，如果要在竞争与合作之间选择的话，选择合作的人才是聪明人。

在我国经济生活中，有一种"龟兔双赢理论"。龟兔赛了多次，互有

233

输赢。后来，龟兔合作，兔子把乌龟驮在背上跑到河边，然后乌龟又把兔子驮在背上游过河去。这就是"双赢"，竞争对手也可以是合作伙伴。

我国相传已久的古训是："四海之内皆兄弟。"互相关心、互相爱护、互相帮助更是成为时代的风尚。但也要看到，有些地方过多地强调个人奋斗，而忽略了应该怎样与他人合作以取得成功，更忽略了如何在竞争中不伤害别人。目前一些人信奉"丛林哲学"的价值观，即所谓弱肉强食，优胜劣汰。为了达到个人目的，可以不择手段，这无疑是极不可取的。要知道，竞争以不伤害别人为前提，竞争以共同提高为原则。竞争不排斥合作，良好的合作促进竞争。在竞争中互相帮助达到双赢才是目的。

从前，有两个非常饥饿的人得到了一位长者的恩赐：一根鱼竿和一篓子鲜活硕大的鱼。其中，一个人要了一篓子活鱼，而另一个人则要了一根鱼竿，于是他们分道扬镳了。

得到鱼的人原地就用干柴搭起篝火烤起了那些鲜活的鱼。把鱼烤好以后，他狼吞虎咽，还没有品出鲜鱼的肉香，转瞬间就把烤鱼吃了个精光，可是鱼毕竟是有限的，还没过几天，他就把鱼全部吃光了。不久，这个人便饿死在了空空的鱼篓旁。

而另一个得到鱼竿的人，提着他的鱼竿朝海边走去，他忍饥挨饿走了几天，当他终于能看到远方蔚蓝的大海时，却用尽了浑身最后一点力气，再也走不动了。最后他也只能倒在了他的鱼竿旁，带着无尽的遗憾离开了人间。

同样，又有两个饥饿的人，他们同样得到了长者的恩赐：一根鱼竿和一篓鱼。但他们没像前两个人那样各奔东西，而是商定共同去寻找大海。他们两个带着鱼和鱼竿踏上旅程。在路上，他们每次只烤一条鱼，经过艰难的跋涉，他们终于来到大海边。从此，两人开始了捕鱼为生的日子，几年后，他们盖起了自己的房子，有了各自的家庭和子女，有了自己建造的渔船，过上了安定幸福的生活。

我们可以从故事中发现，同样是面对着鱼竿和满篓的鱼，四个人却有不同的表现：前两个人只顾眼前利益，得到的只是暂时的满足和长久的悔恨；后两个人却有长远的眼光，懂得人生的智慧在于目标存高远但立足于现实，于是两个人合作，将鱼竿和鲜鱼的作用发挥到最大，最后过上了自己所希望的幸福生活。

合力双赢不是更好吗？既可以发展自己，也可以让自己得到最大的好处。

在我们的生活中，很多时候一个人的力量总是很有限的，就像孤掌难鸣一样。所以，要想办事成功，就要善于与人合作。不管是帮助自己还是帮助别人，那样效率才会高一些。善于利用和帮助是一个人一辈子需要学会的事情，如何使效果达到最大化，还得自己斟酌。别闷在一大堆事情中间，探出头来，你会找到更好、更有效率的解决方式，只有这样才会取得最大的效率。

一个哲人曾说过这么一段话，大体上的意思是这样的：你手上有一个苹果，我手上也有一个苹果，两个苹果交换后每人还是一个苹果。如果你有一种能力，我也有一种能力，两种能力交换后就不再是一种能力了。所以说，只有合作才能产生奇效，才能达到最好的效果。

美国壳牌公司曾在北京大学召开过一场别开生面的招聘会。有趣的面试官先将10名应聘者分成两个小组，假设他们要乘船去南极，然后要求这两个小组的成员在限定的时间内提出各自的造船方案并且做成船的模型。

在这个过程中，面试官则根据应聘者对于造船方案的商讨、陈述和每个人在与本小组其他成员合作制作模型过程中的表现进行打分，以选择合适的人才。

壳牌公司是一家很了不起的公司，他们是从事石油勘探以及原油开采、加工设备销售等方面业务的大型跨国公司。在谈及这次面试时，壳牌公司人力资源部负责人说，运用这种方式的最大目的是了解应聘者是否具备团队精神。

壳牌公司面试官说："在当今社会里，企业分工越来越细，任何人都不可能独立完成所有的工作，他所能实现的仅仅是企业整体目标的一小部分。因此，团队精神日益成为企业的一个重要文化因素，它要求企业分工合理，将每个员工放在正确的位置上，使他能够最大限度地发挥自己的才能，同时又辅以相应的机制，使所有员工形成一个有机的整体，为实现企业的目标而奋斗。对员工而言，它要求员工在具备扎实的专业知识、敏锐的创新意识和较强的工作技能之外，还要善于与人沟通，尊重别人，懂得以恰当的方式同他们合作。"

事实正是如此，那些善于合作、具有团队精神的员工往往更容易获得走向成功的机会。所以说，要想获得成功，你就必须要做一个善于合作的人。

哈佛的教授有一个著名的"博弈"理论——假设有一场比赛，参与者可以选择与对手合作或是竞争。如果采取合作策略，可以像鸽子一样瓜分战利品，那么与对手之间浪费时间和精力的争斗不存在了；如果采取竞争策略，像老鹰一样互相争斗，那么胜利者往往只有一个，而且即使是获得胜利，也要被啄掉不少羽毛。

纵观古今中外，凡是在事业上成功的人士不都是善于合作的典范吗？现代社会中的现代企业文化，追求的是团队合作精神。所以，不论对个人还是对公司，单纯的竞争只能导致关系恶化，使成长停滞；只有互相合作，才能真正做到双赢。

集思广益，借鉴他人思维

全体大于部分的总和。

——哈佛箴言

~~~~~~

我们每个人的"心智"都是一个独立的"能量体"，而我们的潜意识则是一种磁体，当你去行动时，你的磁力就产生了，并将财富吸引过来。但如果你一个人的心灵力量，与更多"磁力"相同的人结合在了一起，就可以形成一个强大的"磁力场"，而这个磁力场带来的创造力将会是无与伦比的。

有句话说得好："只有聆听别人意见的人，才能集大成。"无论是多么优秀的人，只靠自己的力量是有限的。尤其在当今这个竞争激烈的社会里，凝集多数人的智慧，往往才是制胜的关键。就算你是一个"天才"，凭借自己的想象力，也许可以获得一定的财富。但如果你懂得让自己的想象力与他人的想象力结合，就定然会产生更大的成就。

每一个人的构想与思维都是不一样的，所以说，人越多，就越容易想出好的办法，这正应了"三个臭皮匠，顶个诸葛亮"这句话。集众人的意见，很有可能产生意想不到的效果。

日本东京有一个地下两层的饮食商业街，整个广场都显得死气沉沉。一天，商业街董事长突发奇想：如果有一条人工河就好了！来往的人群不但能听到脚底下潺潺的流水声，而且广场上还有喷泉。这确实是很适合"水都街区"的创意。

大家对董事长的构想很佩服，于是有人访问他。他回答说，挖人工河

<div align="right">237</div>

的构想并不是一开始就有，而是几个年轻设计师一起讨论时，有一个突然说："让河水从这里流过如何？"

"不，如果有河流的话，冬天会冷得受不了。"

"不，这个构想很有趣。以前没人这么做过，说不定可以出奇制胜。"

虽然有反对和赞成两种意见，最后还是一致通过了这个构想。

像这样集思广益，终能成为强有力的武器。

由此可见，一个好的创意的产生与实施，企业家光靠自身的力量和努力是不够的，必须集思广益，必须在自己周围聚拢起一批专家，让他们各显其能，各尽其才，充分发挥他们的创造性作用。

一个人若想取得成功，就要发挥集思广益的最高境界，综合所有的智慧成精华。要善于倾听大家不同的意见与看法。就好比吃饭，一个善于集思广益的人就是一个不挑食的人，他的营养就会比较均衡，身体就会非常健康；而偏听偏信、一意孤行、只认可相同意见的人就好比偏食严重，那他的营养成分就很不均衡，身体自然就会出现种种病理反映，直至整个人最后完全垮掉。

集思广益是人类最了不起的能耐，也是前五项准则的整体表现与真正考验。唯有兼具人类四种特有天赋、利人利己的动机及设身处地的沟通技巧，才能达到集思广益的最高境界。集思广益不但可创造奇迹，开辟前所未有的新天地，也能激发人类最大潜能，即使面对人生再大的挑战都不足为惧。

在工作中，不难发现，集思广益的合作威力无比。

一个人有无智慧，往往体现在做事的方法上。山外有山，人外有人。借用别人的智慧，助己成功，是必不可少的成事之道。

你应该明白，不嫉妒别人的长处，善于发现别人的长处，并能够加以利用，协调别人为自己做事，与合作人之间建立良好的信誉，是成大事的基本法则。

如果你觉得有必要培养某种自己欠缺的才能，不妨主动去找具备这种特长的人，请他参与相关团体。三国中的刘备，文才不如诸葛亮，武功不如关羽、张飞、赵云，但他有一种别人不及的优点，那就是一种巨大的协调能力，他能够吸引这些优秀的人才为他所用。多一样才华，等于锦上添花，而且通过这种渠道结识的人，也将成为你的伙伴、同业、同事、专业顾问，甚至变成朋友。能集合众人才智的公司，才有茁壮成长、迈向成功之路的可能。

能够发现自己和别人的才能，并能为我所用的人，就等于找到了成功的力量。聪明的人善于从别人身上吸取智慧的营养补充自己。从别人那里借用智慧，比从别人那里获得金钱更为划算。读过《圣经》的人都知道，摩西算是世界上最早的教导者之一。他懂得一个道理：一个人只要得到其他人的帮助，就可以做成更多的事情。

当摩西带领以色列子孙前往上帝许诺给他们的领地时，他的岳父杰塞罗发现摩西的工作实在过度，如果他一直这样下去的话，人们很快就会吃苦头了。于是杰塞罗想法帮助摩西解决了问题。他告诉摩西将这群人分成几组，每组1000人，然后再将每组分成10个小组，每组100人，再将100人分成2组，每组各50人。最后，再将50人分成5组，每组各10人。然后，杰塞罗又教导摩西，要他让每一组选出一位首领，而且这位首领必须负责解决本组成员所遇到的任何问题。摩西接受了建议，并吩咐那些负责1000人的首领，分别找到知己胜任的伙伴。

用心去倾听每个人对你的计划的看法是一种美德，它是一种虚怀若谷的表现。他们的意见，你不见得各个都赞同，但有些看法和心得，一定是你不曾想过、考虑过的。广纳意见，将有助于你迈向成功之路。

万一你碰上向你浇冷水的人，就算你不打算与他们再有牵扯，还是不妨想想他们不赞同你的原因是否很有道理？他们是否看见你看不见的盲点？他们的理由和观点是否与你相同？他们是不是以偏见审视你的计划？

问他们深入一点的问题，请他们解释反对你的原因，请他们给你一点建议，并中肯地接受。

另外，还有一种人，他们无论对谁的计划都大肆批评，认为天下所有人的智商都不及他们。其实他们根本不了解你想做什么，只是一味认为你的计划一文不值，注定失败，连试都不用试。这种人为了夸大自己的能力，不惜把别人打入地狱。

要是碰上这种人，别再浪费你宝贵的时间和精力，苦苦向他们解释你的理想一定办得到。你还是去寻找能够与你分享梦想的人吧。

哈佛的一位植物学教授打过一个比方："许多自然现象显示：全体大于部分的总和。不同植物生长在一起，根部会相互缠绕，土质会因此改善，植物比单独生长时更为茂盛；两块砖头所能承受的力量大于单独承受力的总和。"

这些原理也同样适用于人，但也会有例外。只有当人人都敞开胸怀，以接纳的心态尊重差异时，才能众志成城。只有与人合作才能达到集思广益的最高境界。

把每个人都当作自己的老师

即使你是一匹能够日行千里的好马，有时也必须依赖识途老马才能找到出路。

——哈佛箴言

在哈佛大学这个人文荟萃之地，每一个人身上都有一些值得别人学习之处。

托马斯·杰斐逊是美国第三任总统，他也许不如乔治·华盛顿和亚伯拉罕·林肯那样有名，但哈佛学生全都读过由他起草的《独立宣言》。虽然杰斐逊是二百多年前的人物，但许多哈佛学生认为，从他身上仍可以学到许多有用的东西。

"每个人都是你的老师。"这是杰斐逊最著名的一句名言。

1743年，杰斐逊出生在一个经济富裕的家庭。他父亲是军中的一名上将，母亲则出身于名门世家。不论是从家世背景还是从受教育程度来看，他都属于社会的上层人士。当时的贵族对一般民众除了发号施令之外，很少与他们交谈。但杰斐逊却不管这一套，他和家中的园丁、用人、餐厅里的服务生们都能轻松、愉快地交谈。

能使人轻松、愉快地和你交谈绝对是一门高深的学问，千万别低估它的价值。杰斐逊有一次对法国伟人拉法叶特说："你必须像我一样到一般的民众家里去坐一坐，看一看他们的菜碗，尝一尝他们吃的面包。只有你这样做了，你才能理解他们不满的原因，并且懂得正在酝酿中的法国革命其中的深刻意义了。"

因此，杰斐逊"向每个人学习"的论点是颇受哈佛师生推崇的。

一位哈佛大学的教授指出："杰斐逊总统的勇气和理想主义是建筑在知识之上的。"在他生活的时代里，他知道得几乎比任何人都多。据说他在很年轻时就能够解释太阳和星球的运动，并能绘制房屋设计图、训练马匹、拉小提琴等。

杰斐逊有着无穷的潜力和精力，他进行过创造发明的研究，写过书，发表新的见解并开创了多个领域中的人类活动的新纪元。他还是一位农业专家、考古学家和医学家。他用来试验作物的轮种法和土地肥沃保护法，要比美国社会正式推行早了整整一个世纪。他还发明了一架比当时更为先进且完善的犁具。他影响了整个美国的建筑业。他经常会制造出一些能方便人们日常生活的设备。人们对他发明的许多小机器，都如数家珍：如一架能誊写重要文件的机器、一个能同时标示室内和户外气温的温度计、一张圆转桌和许多其他东西。

1796年，杰斐逊成了美国哲学界的领袖，这对创立注重自由和进步的美国哲学流派提供了很大帮助。这一流派里产生了好几位伟人：一位是著名作家托马斯·潘恩；另一位是本杰明·拉什博士，他对心理学做出了杰出的贡献；还有一位是发现氧的约瑟·普里斯特利。他们这些人一致认为杰斐逊是他们的领袖，因为他对他们研究的范围无一不通晓。

熟悉他的人写道："杰斐逊外表看来似乎不像总统，倒更像是一位哲学家。他爱好质朴的哲学。在他参加宣誓就任总统的典礼时，他一人独自骑马前去，自己把马拴在栏杆上，然后再去参加典礼。他痛恨'阁下'这一称呼，而坚持让人叫他杰斐逊先生。他的身高有七英尺（一英尺约0.305米），体格十分强壮。但他的衣服好像总是太小了。他随意地坐在朋友们中间，脸上带着开朗的笑容，整个人就是一副轻松闲适的样子。人们常说，他走到哪里，就会把那种不拘礼节的作风带到哪里。"

不妨将每个人都当成自己的老师，虚心求教。倘若你能在路口就知道这是条死胡同，又何必一定要自己花时间再去里面转一圈呢？"不必问自己是成功还是失败，该问的是你是否保持着学习姿态。"放下虚荣心和面子吧，仔细观察身边的人们，你绝对会发现并领受他们身上所涌现出来的宝贵经验。